세상의 끝에서 만난
스님의 말씀

세상의 끝에서 만난 스님의 말씀

티베트 스님의 100가지 지혜

파담빠 상계 · 딜고 켄체 린포체 지음
고수연 옮김

민족사

The Hundred Verses of Advice

아버지께 이 책을 바칩니다.

프.롤.로.그. 하.나.

—

뚤식 린포체

옴 스와스띠!

언변의 사자께서는,

성스러운 나라와 다른 장소에서 인간의 모습을 취하시고

육백 년의 경이로운 해탈의 삶을 사셨으니,

고귀하신 분,

그분께 엎드려 절 올립니다.

티베트의 띵리 사람들에게 전하는 그분의 귀중한 가르침

백 가지 게송들은 깊고도 심오한 가르침이라

모든 곳으로 퍼져나가고 모든 곳에서 명성이 높았다네

더 없이 훌륭한 이 말씀이

티베트의 제2의 붓다,

'잠양 켄체 왕뽀'의 의도적인 환생이었던 분에 의해

이 뛰어난 책 속에 명료하게 잘 설명되었으니

금강의 언변으로 이 말씀을 전해주신

구경일승의 가르침의 변함없는 계승자인 그분께

진심에서 우러나는 예경을 올립니다.

이 책에 대한 하나의 서문을 쓴다는 생각으로, 앞에 써 놓은 시구절에 따라, 성스러운 나라, 인도에서 아짜리야 까말라실라로 알려진, 티베트에서 파담빠 상계로 알려진 스승에 대해 몇 마디 이야기하려 합니다.

파담빠 상계께서는 처음, 중간, 나중, 이렇게 세 차례 티베트를 방문하여 머무셨습니다. 그렇게 하시면서 그는 초월적 지혜의 형태로 존재하는 붓다의 명을 따른 것이라고 확신하고 있습니다. 사실상, 그는 붓다께서 주신 기적의 돌을 가지고 있었습니다. 그는 인도에서 티베트를 향해 이 돌을 세게 던지면서, 그 돌이 떨어지는 곳에서 가르침을 전할 제자를 만나게 되기를 바라셨습니다. 그리고 나서 그 돌을 찾아 티베트로 떠나셨습니다.

돌이 떨어진 곳은 지금의 짱 지방, 라뙤에 있는 띵리 랑꼬르(에베레스트 산 북동쪽으로 80km쯤 떨어져 있는 티베트 남부의 작은 마을)라 알려진 장소입니다. '파담빠 상계'께서 그곳에 도착하셨을 때에 눈이 쏟아지고 있었습니다. 그러나 돌이 떨어진 곳 주변은 색이 거무스름하며 눈이 녹아 있었습니다. 그는 그 돌이 떨어졌을 때 '띵~~' 하는 소리를 내더라는 이야기를 들었습니다. 그래서 이 지방이 '띵리'라 불리게 되었습니다. 그리고 그는 이 돌 주변을 둥그렇게 둘러싼 사향 노루들을 보시고는 그곳에 그의 사원을 건립하였습니다. 그래서 그곳은 '사향노루가 돌았다'는 것을 의미하는 '랑꼬르'라는 이름으로 알려지게 되었습니다.

파담빠 상계께서 '제쮠 밀라레빠'를 만난 것은 티베트를 세 번째 방문했을 때였습니다. 이 두 분이 만나 신통력을 겨루었던 장소는 바로 '닝제 된캉(자비의 여관)'입니다. 이와 같은 사건은 제쮠 밀라레빠 자서전에 자세히 기록되어 있습니다.

일곱 전승의 계승자, '잠양 켄체 왕뽀'께서는 아짜리야 까말라실라, 다시 말하면 파담빠 상계의 분신(화신과는 구분됨)이셨습니다. 그리고 잠양 켄체 왕뽀께서는 다시 학식과 성취를 겸비하신 대 스승, 만달라의 이정표, 그 이름이 산개(승리의 깃발)이신 응

화신으로 나타나셔서 — 내가 여기에서 반드시 언급해야만 하는 그분 — 이 세상을 찬란하게 빛나게 하셨습니다. 그의 이름은 딜고 켄체 린포체, 규르메 텍촉 뗀빠 갈짼(변하지 않는 대승 가르침의 산개), 직매 랍쎌 다와(무외 월광)이십니다. 이 놀라운 해설, 기획을 해서 프랑스의 파드마카라 역경회에서 영어와 프랑스어로 번역을 한 이 원문을 설하신 분이 바로 이 분이십니다. 저는 깊은 존경심으로 이 저작을 수희 찬탄합니다. 왜냐하면 이 글은 불교인이든 아니든, 삶을 살아가는 모든 사람들이, 마땅히 이 뛰어난 글을 읽고, 공부하고, 실천해야만 하기 때문입니다.

이 책의 저자께서 거느리시는 고귀한 스승의 제자들 중에서, 가장 형편없는 승려, 자룽 뚤식 사두의 분신이라고 알려진 이 무식하기 짝이 없는 나왕 최끼 로되가 이 인사말을 썼습니다. 그는 1999년 12월 8일에, 프랑스에 있는 따시 뻴바르 링에서 두 손을 모으고 이 기도문을 지었습니다.

망갈람(상서로움이 증장되기를)~!

프.롤.로.그. 둘.

—

우선 'THE HUNDRED VERSES OF ADVICE'를 한국어로 번역, 출판한 사려 깊은 '수연(까르마 닝제)' 님께 감사 드립니다. 이 책은 '파담빠 상계'께서 지으시고 저의 전신인 '딜고 켄체 린포체'께서 강설하신 것입니다.

본서는 불교 수행자들 뿐만 아니라 젊은이나 어른 등 누구나 일상의 문제를 해결하는 데 사용할 수 있는 매우 실용적인 지침서입니다. 파담빠 상계와 딜고 켄체 린포체님의 말씀들은 우리 일터, 학교, 인간관계에서 직면하는 소소한 어려움을 보다 잘 이해하고 해결할 수 있도록 도와줍니다. 마치 부작용이 없는 해독제와 같습니다. 한편으로는 매우 강력한 조언도 포함하고 있습니다. 우리가 (다른 이들에게 보다) 유익을 주는 삶으로 변화하려면 우리 자신을 어떻게 돌아보고 무엇을 해야 하는지 알려주는 '알람'과도 같습니다. 예를 들어 돈을 기부한다던가, 조언을 해준다던가, 다른 이들을 가르치거나 하는 등의 상황들에서 자신과 다른 이들의 삶을 더 좋은 방향으로 바꾸기 위한 여러 가능성에 대해서 우리를 일깨워 줄 수 있는 책입니다.

이 책을 읽어야 한다고 강요하고 싶지 않습니다. 한번 훑어 보십시오. 본서는 한 번에 한두 페이지만 읽을 수 있게 되어 있습니다. 그런 후 책을 내려 놓고 편안하게 마음을 쉬면서 읽었던 내용을 곱씹어 보십시오. 각 문장, 단어, 음절의 정확한 의미가 무엇인지 생각해 보십시오. 우리가 갖게 되는 영적인 의문들에 대한 답을 많이 찾을 수 있을 것입니다. 이 책은 우리 마음과 삶에서 부딪히는 다양한 문제에 대한 해답을 가진 사전과 같습니다. 우리의 마음이 나아지면 따라서 건강도 좋아질 것이고 점차 삶의 어려움들도 보다 잘 해결할 수 있게 될 것입니다.

본서는 우리에게 중요한 조언과 유익한 기회를 제공할 것입니다. 내용은 매우 명료하고 직접적이며 단순합니다. 높은 단계의 수행이나 암기력 혹은 관상법을 요구하지 않기에, 누구든 쉽게 읽을 수 있고 이해할 수 있습니다.

이 책을 접하는 모든 분들의 공덕이 증장되고 풍요로운 인생이 되기를 진심으로 기원합니다.

보드나트, 네팔
딜고 켄체 양시 린포체

일.러.두.기.

⋮ '파담빠 상계'의 이 게송들은 여러 제자들의 요청으로 1987년 네팔의 세첸 사원에서 '딜고 켄체 린포체'께서 해설한 것입니다.
여기에 사용된 판본은 담 ~ㅇ악 죄(gdams ngag mdzod) 판본으로서, '잠괸 꽁툴 로되 타예'께서 수집하시고 수정하신 것입니다.
이 책은 1979년 '파로'에서 '라마 누둡'과 '세랍 디메'에 의해 출판되었고, 2000년 델리에서 세첸출판에 의해 재판되었습니다. 딜고 켄체 린포체의 이 구전 가르침은 마티유 리카르(Matthieu Ricard)에 의해, 파담빠 상계의 시, 원문은 존 칸티(John Canti)에 의해 영어로 옮겨졌습니다.

⋮ 본문에 달린 주석 중 '역자 주'로 표기된 주석 내용은 한국어 번역자가 부연했음을 밝힙니다. 그 외 주석은 영문 번역자인 파드마카라 역경회가 부연했음을 밝힙니다.

차례

프롤로그 하나
6
프롤로그 둘
10

01. 그대에게 전하는 아름다운 시...
무지개를 뒤쫓는 아이
14

02. 티베트 스승이 띄우는 조언의 시...
해가 질 때 그림자는 길게 드리운다
74

03. 절망 속에서 만난 위로의 시...
수면에 그린 그림
130

04. 세상의 끝에서 만난 치유의 시...
붙들고 있어야 하는 것은 없다
182

에필로그
234

01. 그대에게 전하는 아름다운 시...

무지개를 뒤쫓는 아이

001

지금 이 순간(현생)을 의미 없이 보내고 나면,

빈손으로 떠나야 하리니,

띵리 사람들이여,

미래 생에 인간의 몸을 다시 받기란 매우 어려울 것이다.

—

어떤 사람들은 정신적 스승을 찾는 것을 서두르지 않거나 다르마(法)를 수행할 시간이 얼마든지 있다고 느낍니다. 이런 태도를 가지고 있다면, 세간사를 좇느라 정신적 수행을 소홀히 할 것입니다.

농번기가 되어 씨앗을 뿌리는 시기에, 농부는 즉시 밭으로 나갑니다. 그들은 결코 자신의 일을 내일로 미루지 않습니다. 마찬가지로 다르마를 수행하기에 적합한 환경이 마련되었을 때 더 이상 미루지 않고, 모든 에너지를 집중시킬 필요가 있습니다.

002

몸과 말과 마음으로 신성한 가르침에 헌신해야 하리니,

띵리 사람들이여, 그것이 네가 할 수 있는 가장 최고의 행위리라.

—

원인과 결과의 끊임없는 과정을 통하여, 당신의 행위와 말과 생각은 나중에 겪게 될 행복이나 고통을 결정짓습니다.

만약 당신의 행동이 부정적인 것에 치우치게 된다면, 당신은 윤회계의 낮은 존재 상태(삼악도:축생계, 아귀계, 지옥계)에서 괴로움을 겪게 될 것입니다.

만약 우리가 좋은 쪽에 기울어 있다면, 당신은 윤회계에서 벗어나 자유로워 질 수 있고, 한 생에 깨달음을 얻을 수도 있습니다. 결국 선택은 자명합니다. 고통의 원인은 피하고 행복하게 되라는 것입니다.

만약 당신이 인간으로 태어나, 불교가 번창한 곳에 살고 성취한 스승을 만났다면, 스승의 가르침을 닦아나가고, 이 생이나 미래 생에서 헤아릴 수 없는 이득을 얻을 수 있습니다. 그러나 당신의 초점이 세간사에 있고, 그에 집착하는 것이 이 윤회계의 수감자가 된다는 것을 깨닫게 될 것이며, 그것들로부터 벗어나고픈 마음을 일으키게 될 것입니다.

바로 지금 선택의 기로에 놓여 있습니다. 한쪽 길은 해탈로 이끄는 길이고 다른 한쪽 길은 윤회계로 가는 길입니다. 경전에 다음과 같은 말이 있습니다.

육신은 당신을 해탈의 뭍으로 이끌어 주는 배(船)요,
육신은 윤회계의 심연으로 가라앉히는 돌(石)이요.
육신은 악업과 선업의 시종이라네.

투명한 수정이 주변의 색들을 반사 시키듯, 당신의 행동은 당신의 의도에 따라 악업도 짓고 선업도 짓게 됩니다. 그러므로 올바른 길을 택하고 올바른 행동·언어·생각이 다르마를 향하는 것은 매우 중요한 필수 사항입니다.

이제 수행을 시작하는 사람들은, 긍정적인 태도를 개발하고 부정적인 태도를 없애는 데 모든 에너지를 집중시킬 필요가 있습니다. 옛날 부처님 당시에 브라만이었던 '우파굽타'는 본인의 수행의 진전을 측정하기 위하여 매일 저녁 두 부류의 돌무더기를 가져다 놓고 검은 돌은 나쁜 생각이나 행동을, 하얀 돌은 좋은 일을 했을 때 쌓아 놓았습니다. 처음에는 검은 돌 무더기가 높았으나, 점차 모두 하얀 돌로 바뀌게 되었습니다.

003

네 목숨과 가슴과 정신을 삼보에 바쳐야 하리니,

띵리 사람들이여, 그렇다면 어찌 그 축복이 쌓이지 않겠는가!

—

삼보에 대한 흔들리지 않는 확신이 있고, 삼보를 한 몸에 지닌 영적인 스승에 대한 불변의 확신은 고요하고 맑은 호수와 같아, 그분들의 축복의 달이 뚜렷하게 비칠 것입니다. 이와 같은 확신이 강하게 일어날 때, 여러분의 마음은 삼보의 가피하에 고요하고 흔들림 없이 머물 것입니다. 그렇다면 좋은 환경 혹은 나쁜 환경이 무슨 상관이 있겠습니까!

004

현생의 목표는 잊어라, 대신 다가올 인생에 집중하라.
띵리 사람들이여, 이것이야말로 최상의 목표이니라.

—

현생이라는 좁은 안목에서, 자신의 건강, 장수, 안락을 주된 목표로 삼아 다르마를 수행하는 것은 무의미한 것이 되고 말 것입니다. 대신, 앞으로 다가올 모든 인생에서 무슨 일이 일어날지에 대해 깊이 생각해 보십시오. 오직 자신의 미래만을 생각하라는 것이 아닙니다. 모든 다른 생명체의 미래에도 관심을 기울여야 하는 것입니다. 여러분이 무엇을 하든지, 결과가 긍정적이냐 부정적이냐를 결정하는 것은 바탕에 깔린 의도가 무엇이냐에 달려있습니다. 여러분이 마음을 다스리고 변화시키고자 한다면, 결국 그것이 다르마의 목적이 되는 것이지요. 수행을 시작할 때, 근본적인 의도와 생각들을 살펴보는 것이 참으로 중요합니다. 여러분은 자신의 이익을 위해 다르마를 수행하십니까?

아니면 다른 사람들의 이익을 위해 수행하십니까?

우리들의 관심은 무엇보다 자신의 행복을 추구하고 고통을 피하려는 데 있습니다. 그러나 우리가 한발 물러나 나 자신을 무수무변의 생명 가운데 하나로 바라본다면, 개인적인 욕구나 공포가 하찮고 대수롭지 않게 보이기 시작합니다. 당신이 행복하기를 원하는 것처럼 다른 생명들도 마찬가지입니다. 자신의 행복을 추구하는 과정에서, 행하는 거의 모든 것들이 고통을 안겨줄 뿐입니다. 만약 그들이 다르마의 정수를 듣고 수행할 수 있다면, 시력을 되찾은 맹인처럼, 그러한 행복이 — 자신과 타인을 위해, 이 생과 다가올 생에서 — 선업에 의해서만 나타날 것을 보게 됩니다. 이 잔인한 고통의 쳇바퀴에서 벗어나고 깨달음이라는 영원한 행복을 얻는 유일한 길은 선업을 쌓고 악업을 짓지 않도록 주의를 기울이는 것입니다. 진정으로 이러한 진실을 완전히 이해하지 못한다면, 비록 남을 돕고자 하더라도 그 수고는 헛된 일이 되고 맙니다.

여러분이 가르침을 따르고 실천할 때에, 존경 받거나 열심히 공부한 대가를 받으려는 것이 아니고 '깨달음을 얻어 모든 존재들에게 가르침을 펴고 그들을 붓다의 깨달음으로 인도하게 하소서' 라는 생각으로 행하는 것이 중요한 것은 이 때문입니다.

여러분의 마음이 그와 같이 선한 목적으로 향하게 되면, 말과 행동은 마치 주인의 지시를 받은 하인처럼, 자연스럽게 같은 곳을 향하게 됩니다. 그러나 마음이 산란하고 집착 · 적대감 · 무지로 가득 차 있다면, 수백만 번의 진언을 하거나 절을 하더라도, 그것은 맛있는 음식에 독을 타서 먹는 것과 다름없으며, 이는 붓다의 깨달음을 향하여 나아가는 길이 아닙니다.

어떤 상황에서든 완전히 순수한 생각을 유지하려 노력하십시오. 그러면 여러분의 행동 아주 사소한 부분까지도 긍정적인 에너지를 유지하게 되고, 결국 깨달음에 도달하게 됩니다. 한 방울의 물이 바다에 떨어지면, 바다가 마르지 않는 한 남아 있게 되는 것처럼 말입니다.

005

가족들은 장날에 모인 사람처럼 순식간에 지나가고 말리니,

띵리 사람들이여, 다투거나 싸우지 말거라.

—

가족 간의 유대는 시장에서 스치는 사람들처럼 아주 짧은 만남과도 같습니다. 짧지 않은 인생에서 남편과 아내, 부모와 자식 간에 일어나는 갈등이 많습니다. 대가족은 강한 집착과 증오의 모습을, 또는 다 같이 너무나도 쉽게 다투거나 분개합니다. 한 가정에 다툼의 바람이 들이치면, 순간적으로 일어난 냉담하고 집착적인 몇 가지 생각으로 시작된 긴장은 가족 일원 중 일부를 부추겨 마치 악마에 씐 것처럼 서로 죽이거나 자살하는 것으로 끝날 수도 있습니다.

남자와 여자가 서로 업연의 힘에 의해 이끌려 함께하게 되었을 때는 반드시 조화로운 삶을 위해 노력해야 합니다. 다툼은 어떠한 이익도 없으며, 개입된 사람들에게 고통을 안겨 줍니다.

모든 가족에게 친절하게 대하세요. 그리고 그들에게 좋은 말과 행동 등의 본보기를 보여 주세요. 그리하여 가족들의 마음을 움직여 불법을 접할 수 있도록 하기 위해 노력하십시오.

사찰에서는 많은 스님들이 함께 모여 삽니다. 유대감을 느끼고 규율을 지키는 것은 매우 중요합니다. 조화로운 승가 공동체는 가르침의 초석이 됩니다.

이러한 진실한 관계는 비단 승가뿐 아니라 스승과 제자에 있어서도 마찬가지입니다. 제자가 스승에게 완벽하게 순수한 관계를 지키고 계를 지키면 수행 과정에서 오는 어떠한 장애에도 걸려 넘어지는 일은 없을 것입니다.

우리들 중 대부분은 금강승(Vajrayana)[1]의 문을 통과하였고, 같은 스승으로부터 같은 만다라(Mandala)[2]의 중심에서 관정(Empowerment)[3]을 받았습니다. 그렇게 우리들은 금강형제[4]가 된 것 입니다. 그러므로 우리 사이에 어떠한 불화나 논쟁이 있다면 이는 중대한 실수입니다. '둡첸'[5]이란 금강승 법회가 있는 동안에 참가자 사이에 분쟁이 일어나면 그 즉시 진행된 모든 법회 의식이 무용지물이 됩니다. 큰 우유 통에 쥐 한 마리가 빠지면 우유를 마시지 못하게 되는 것과 마찬가지입니다.

부와 재산은 마술쇼와 같아 유혹과 속임수 뿐이니,
띵리 사람들이여, 탐욕의 매듭에 묶이지 말라.

—

어마어마한 재력, 최상의 옷과 맛있는 음식 등, 만약 여러분이 원하는 모든 것을 다 가졌다 하더라도, 영원히 소유할 수 있는 것은 아무것도 없습니다. 얼만큼 모여 있건 축적된 것들은 때가 되면 필연적으로 언젠가 소진되고 맙니다. 모아 놓은 소유물이나 재산은 언젠간 모두 흩어집니다. 지위나 권력도 다르지 않습니다. 올라간 것은 반드시 떨어지기 때문입니다. 그 어떤 사람도 영원히 같은 자리에 머물 수 없습니다. 모임도 이와 같아 결국엔 흩어지게 됩니다. 가령 몇천 명이 모인다고 해도 결국 몇 시간 후면 헤어집니다. 태어나면서부터 피할 수 없는 죽음이 있는 인생은 참으로 덧없습니다. 그 어떤 사람도 죽음을 피해 간 사례는 없습니다.

어떤 이는 좋은 기회를 잡아 부(富)를 축적하고 나서 만족스러운 표정으로 "나는 이제 부자야"라고 자랑스럽게 회상할 것입니다. 그러나 그가 부를 축적하는 과정에서 거짓말, 속임수, 타인의 이익을 가로채는 등의 악한 행위가 있다면, 결국 고통만 남을 뿐입니다.

부가 본질적으로 잘못된 것은 아닙니다. 정직하게 모아서 좋은 목적을 위해 쓴다면 말이지요. 빈곤을 줄이기 위해, 삼보에 공양 올리거나, 승가를 후원하거나 또는 필요한 이들을 도울 수도 있습니다. 후원자들의 보시로 덕을 입는 자들은 자신이 받은 보시를, 욕심 없이 오직 수행을 위해서만 써야 합니다. 보시를 하는 자나, 보시를 받는 자 모두 집착에서 벗어나 있어야 하고, 그 소유물을 꿈에서 받은 실체 없는 선물로 여겨야 합니다. '부'라는 것은 궁극적인 관점에서 보면 실체가 없는 것이고, 그것을 보시한 공덕 또한 어떤 실재성이 없습니다. 그렇지만 이것은 여러분을 깨달음으로 이끌 수가 있고 그 한 측면으로, 현상에 대한 집착에서 자유로워지게 됩니다.

한 번 탐욕에 사로잡히면, 두 손이 묶이고 마음은 닫히게 됩니다. 여러분은 베푸는 능력을 잃어버릴 뿐 아니라, 다른 사람이 베푸는 행위마저 참을 수 없게 됩니다. 이러한 태도는 배고프고 목말라서 끊임없이 괴로워하는 영혼들이 사는 아귀계에 환생할 조건을 만듭니다.

강한 집착은 지옥계의 극심한 고통을 경험하게 할 수도 있습니다. 부처님 당시에 잘 만들어진 발우(鉢盂)에 강한 집착을 보인 한 승려가 있었습니다. 그가 죽음을 맞이하여 그의 몸이 화장되기도 전에, 독사의 몸으로 환생하였습니다. 그 뱀은 태어나자마자 바로 승려의 발우가 있는 곳으로 가서, 그 안에 똬리를 틀고는 접근하는 모든 사람들에게 위협적으로 쉿쉿 소리를 냈습니다. 이 사실을 부처님께 말씀드리며 독사가 어디서 왔는지도 설명해드렸습니다. 다르마의 핵심을 집적하는 어떤 말로[6], 그 뱀이 부정적인 견해를 버리도록 타이르셨습니다. 바로 그 독사는 발우에서 나와 숲 속으로 도망쳤습니다. 그러나 뱀의 집착과 분노가 너무 강하게 남아 있어 입에서 불이 뿜어져 나왔습니다. 그 뱀은 죽자마자 바로 화염지옥에 환생하였습니다. 그와 동시에 승려의 육신이 놓인 장작더미에 불을 지피자마자 한 번에 세 가지 불이 타올랐습니다. 이 불행한 승려에게는 '세 번 화장한 자'라는 별명이 붙었습니다.

아귀가 느끼는 배고픔과 목마름의 극심한 고통은 아침에는 물로 또르마 공양을 하고[7], 저녁엔 음식을 태우는 연기로 공양을 할 때 줄어들 수 있으며, 특히 그 공양물이 큰 자비심으로 만들어질 때 그러합니다.

사랑과 비집착은 진정한 보시의 기초입니다. 우리는 관대해야 하며, 어려움에 처한 이들에게 할 수 있는 만큼 많이 베풀어야 합니다.

007

이 몸뚱이는 다양한 오물을 담아놓은 푸대 같으니,
띵리 사람들이여, 너무 아끼거나 꾸미려 하지 말라.

—

"내가 여기 모인 사람들 중에서 제일 예쁜 것 같아"라고 어여쁜 여인은 생각합니다. 또 "내가 원하는 사람을 유혹할 자신이 있어"라고 우쭐해 합니다. 그러나 아름다운 그녀의 몸은 단지 혈액, 지방, 근육, 임파선, 뼈와 배설물 등으로 가득 차 있습니다. 인간의 몸은 배설물이 가득 담긴 화병 같습니다. 그 어떤 것도 아름답거나 상쾌한 것들은 없습니다. 열어보면 메스껍고 토할 것 같습니다.

우리는 이런 육신을 극진히 돌보고, 맛있는 걸 먹이고, 최신 유행하는 옷을 입히고, 자신의 나이보다 어려 보이려 무척 노력합니다. 이 얼마나 부질없는 시간 낭비 입니까? 이 육신은 그저 언젠가는 화장터에서 태워지거나, 땅에 묻히거나, 새의 먹이가 될 뿐입니다.

가장 헛된 동기의 힘에 내몰려, 사업에 뛰어들고, 주저 없이 거짓말하고 속임수를 써서 경쟁자와 맞서고, 쓸모없는 목표를 달성하느라 악업의 무게는 늘어만 갑니다. 결국 결코 만족할 수 없습니다. 재물은 충분하지 않게 느껴지고, 훌륭한 음식도 식상하게 되고, 즐거움 또한 충분히 강렬하게 보이지 않습니다.

무엇이 더 필요하십니까? 먹을 음식이 충분히 있어 목숨을 유지하고, 외부로부터 몸을 보호할 수 있는 의복이 있지 않나요? 위대하신 우리의 스승들께서는 거기에 만족하셨습니다. 그분들은 결코 사치스러운 옷이나 비싸고 잘 차려진 음식을 탐내지 않았습니다. 그분들은 안락함과 명예를 가볍게 웃어 넘기셨습니다.

일반적으로 우리는 몸을 소중하게 생각하지만 그저 약간의 가치가 있을 뿐입니다. 그러나 다르마를 수행하기 위한 도구로 쓴다면, 그 가치는 헤아릴 수 없습니다. 불행하게도 사용 기간이 우리가 죽을 때까지라는 것이 안타까울 따름이지요. 즐거움이나 편안함을 위해 많은 시간을 쓰는 것보단, 깨달음을 위해 수행 정진하기에도 시간은 충분하지 않습니다.

육신에 사로잡혀 지내는 것에서 벗어나지 못한다면, 집착과 부정적인 감정만 커져갈 뿐입니다. 육신은 환영이고, 꿈과 같음을 알아야 합니다. 수행을 위해 건강을 유지하며 모든 관심을 수행에 두어야 합니다. 이리하다 보면 당신은 언젠가 '보살'이 되어있을 것입니다. 육신에 대한 조금의 집착도 없으며 그들의 팔, 다리, 눈, 간 등을 타인을 위해 다 내어줄 준비가 되어있는 보살 말입니다.

008

가족과 친구들은 '마술쇼'보다도 더 진실하지 못하니,

띵리 사람들이여,

그들에 대한 맹목적인 사랑에 네 자신을 옭아매지 마라.

—

우리는 가족이나 친구들을 보기만 해도 행복해집니다만, 아이의 울음소리가 들리면 곧 근심에 휩싸입니다. 그러한 감정은 마음을 지배하고, 방황하게 만듭니다. 살아가는 동안 내내 그들을 우리 곁에 가까이 두고 매달리고, 마치 자신의 일인 듯이, 그들이 죽지 않을까 두려워합니다. 가끔 산으로 들어가 은둔처에서 다르마를 수행하는 데 전념할까도 생각해 보지만, "내 가족과 내 사업과 내 밭을 누가 돌보지?" 하며 망설입니다. 이러한 결심은 계속 뒤로 밀려갑니다. 숨이 멎는 순간까지도, 마음은 여전히 사랑하는 이들에게 붙들려 있습니다. 자신이 평온하게 죽음을 맞이하고, 정토에 태어나기를 기도해야 하는 순간에 말이죠.

여러분의 결심을 확인하는 가장 좋은 방법은 여러분 가까이에 있는 사람과 모든 재산, 그리고 세상에 있는 다른 모든 것들을 어떤 실체성이 없는 마술쇼로 여기는 것입니다. 마술사는 자신이 마법으로 불러낸 새와 말들이 아무런 실재성이 없는 허깨비에 지나지 않다는 것을 압니다. 그래서 그에 매달리지 않지만 여전히 나타난 모습을 보면 즐거움을 느끼게 되는 것처럼 말입니다.

대부분의 사람들은 가정을 꾸리고 있습니다. 기껏해야 가족이 한평생을 같이 사는 겁니다. 그보다 짧기도 하죠. 함께 살아가는 이 덧없는 순간이 지속되는 동안에는 서로가 조화롭게 살아가려고 노력하고, 다르마에 주의를 기울여야 합니다. 밤이나 낮이나 우리의 마음이 사랑, 자비로 향하도록 해야 합니다. 절 한 번을 하고, 기도 한 구절을 외우고, 마음의 본성을 단 한 번 명상하더라도, 그것은 모두 구경의 깨달음으로 이끌어주는 씨앗입니다. 이 생에서 남편과 아내, 부모와 자식으로 인연을 지은 것은 과거 행위의 결과이자, 나누어 가진 업의 결과입니다. 그것이 바로 우리가 어떤 대가를 치르더라도 다투는 것을 피하고, 화목하게 살아야 하는 이유입니다.

여러분 중에서 가정을 버리고 승려가 될 수 있는 사람이 있다면, 그렇게 기도해야 합니다. 언젠가 여러분이 깨달음을 얻는다면, 친구나 가까운 사람들은 여러분이 해탈의 길로 안내하게 될 첫 번째 제자가 될 것입니다.

조국과 국토는 초원에 사는 유목민의 야영지와 같으니,
띵리 사람들이여, 감상적으로 거기에 매달리지 말아라.

—

우리는 자신이 태어난 땅을 조국이라 부릅니다. 사실, 우린 윤회계의 육도를 돌며 환생하고 있으니 그 어디도 조국이 아닌 곳이 없습니다. 왜냐하면 우리는 헤아릴 수 없이 많은 장소에서 헤아릴 수 없을 만큼 많이 태어났기 때문이지요. 계절에 따라 야영지를 옮기는 유목민처럼, 새로 태어날 때마다 조국을 바꾸기 때문입니다. 유독 어떤 한 나라에 집착하게 되는 이유는 무엇입니까?

010

육도의 모든 존재가 부모로서 그대들을 돌보았으니

띵리 사람들이여,

나, 내 것이란 생각에 사로잡히지 말고 모든 존재를 위해 기도하라.

—

우리들은 육도 윤회계의 모든 중생들과 조국이 같습니다. 수많은 전생을 통해, 모든 생명체들은 당신의 부모였거나, 친구 혹은 적이었습니다. 현생이라는 좁은 틀 속에서, 당신이 좋아하는 친구와, 당장이라도 내치고 싶은 적을 분별할 이유가 있을까요? 그 차별은 당신의 좁은 소견 아닐런지요? 이러한 완고하고 융통성 없는 마음과 제한적인 생각은 친구냐 적이냐에 따라 집착이나 증오를 낳게 됩니다.

나, 나의 것이라는 관념에 사로잡힌 고착된 마음은 자신도 모르게 호감과 반감을 내어 악업을 쌓게 됩니다. 이제 이러한 행위를 멈추도록 합시다.

© 고수연

011

그대가 태어난 그 순간부터, 죽음이 다가오기 시작하니,
띵리 사람들이여,
기억하거라! 그 어떤 순간도 낭비할 시간이 없음을!

—

아기의 탄생은 가장 큰 기쁨을 주는 사건입니다. 그러나 그 어떤 것도 아기가 죽음을 향해 가고 있는 잔인한 과정을 멈출 수 없습니다. 그 아기가 사는 동안, 죽음을 피할 수 있는 방법은 그 어디에도 없습니다. 이러한 속담이 있습니다.

> 태양이 그 궤도를 따라 도는 것처럼, 서산의 그림자는 점점 더 가까이 드리워지나니, 그처럼 인생도 제 갈 길로 가고, 죽음의 그림자는 점점 더 가까이 드리워진다네.

아가는 자라서 청소년기를 맞게 되고, 자신에게 많은 시간이 남아 있다고 생각합니다. 이런 큰 실수가 있겠습니까? 수행을 나중으로 미루는 것은 참으로 안타까운 일입니다. 죽음의 순간은 언제 올지 모릅니다. 매 호흡마다 한 발 한 발 죽음을 향하고 있으니, 가축들이 도살장으로 끌려가는 것과 같습니다.

금생은 한 번뿐이고, 미래의 삶은 수없이 많습니다. 금생의 신기루 같은 안락을 추구하기 위해 수많은 다른 생을 희생하지 마십시오. 만약 수행하는 것을 뒤로 미룬다면, 깊이 후회하게 될 것입니다. 죽음이 다가오면 이미 늦습니다.

죽어 가는 사람이 수행을 시작할 수 있을까요? 지금 이 순간이 바로 수행에 매진할 시간입니다. 수행이 여러분에게 가져다주는 경험은 죽는 순간에 여러분을 돕는 단 한 가지 자산이라는 것을 명심하십시오.

근본적으로 망상이란 없는 것이고 그저 일시적으로 나타나는 것,
띵리 사람들이여, 그것을 일으키는 본성이 무엇인지 살펴보라.

—

여러분이 아무리 석탄을 깨끗이 닦고, 문질러도 석탄을 하얗게 만들 수는 없습니다.

석탄이 본래 검은 것처럼, 무명이 인간의 고유한 본성의 일부라고 상상할 수도 있습니다. 이것이 사실이라면, 무명과 망상은 제거할 수 없을 것입니다. 사실, 무명과 망상은 조금도 실재하는 것이 아니며, 어떤 식으로도 우리의 고유 본성인 불성을 다른 것으로 바꿀 수는 없습니다. 불성은 근본적으로 순수하고 변함없는 순금과도 같습니다. 무명에 의해 잠시 동안 가려져 있을 수는 있으나, 그 본질은 변함이 없는 것이지요.

무명은 조건에 따라 일시적으로 모습을 취합니다. 하늘에 있는 구름처럼 말입니다. 한순간 구름이 커다란 흰 색의 덩어리를 형성하면 태양의 빛을 가립니다. 그러나 우리가 이 구름을 향해 날아가서 그 안으로 들어가 보면, 어떤 실체도 없다는 것을 발견합니다. 그것은 이전에는 존재하지 않았던 것이며, 점차적으로 공중으로 사라집니다. 태양의 입장에선 어떤 변화도 없으며, 전혀 구름에 영향을 받지 않습니다.

무명이 만들어내는 장막은 일시적이고, 무상하고 붙잡을 수 없습니다. 이 장막은 우리의 본성을 대신할 수 없고, 본성에 영향을 주지도 못하며, 우리 본성의 한 부분인 것도 아닙니다. 무명은 모든 망상의 뿌리이고, 우리를 계속 윤회하게 만드는 미끼인 것이지요. 얼마나 단단하게 보일지 모르지만, 거기엔 어떤 실재성도 존재하지 않습니다. 생겨난 적이 없기에, 존재할 수도 없으며, 존재하기를 그칠 수도 없습니다. 공성을 자각함으로써 무명의 장막이 벗겨지면, 붓다의 본연의 성품이 저절로 드러납니다. 태양은 비추기를 멈춘 적이 없으므로, 바람이 구름을 날려버리면 바로 모습이 드러나게 되는 것처럼 말입니다.

013

흩어짐 없이 성스러운 다르마를 수행해야 하리니,

띵리 사람들이여, 죽은 뒤에 네가 가는 길을 안내하리라.

—

건강과 힘을 가진 젊은 날의 전성기엔 보다 즐거운 인생을 원합니다. 식을 줄 모르는 열정으로 최대한의 행운과 힘을 얻고자 노력하지요. 몇 명은 오직 그들만의 성공을 위해 다른 사람들을 해치기까지 하지요. 그러나, 죽음의 순간 우리는 이 모든 세속의 욕망에 사로잡혀 살던 삶이 공허함을 깨닫게 되는데, 안타깝게도 시간을 되돌리기엔 너무 늦어 버렸습니다.

아무리 아름다운 사람도 죽음을 유혹하여 피할 수는 없고, 아무리 부유한 사람이라 한들 뇌물로 죽음을 살 수 없고, 권력을 가진 사람일 지라도 그 힘으로 한순간이나마 죽음을 누를 수는 없습니다. 절대 권력을 가진 사람도 죽음의 부름 앞에서는 복종할 수 밖에 없습니다. 죽음은 장군도 무장해제시키니 막강한 무기로도 어찌해볼 도리가 없습니다. 오직 수행에서 얻은 체험만이 죽음의 순간에 도움을 줄 수 있습니다.

서둘러 수행하십시오! 나이가 들어 몸의 기능과 지적 기능이 무너지기 전에 말입니다. 그릇된 생각에 빠지거나 세속의 삶에 어리석게 끌려 다니지 말고, 다르마 수행에 헌신합시다.

존귀하신 '감뽀빠'께서 말씀하시길, "최상의 경우에, 구경의 성품인 법신을 깨닫게 될 것이다. 보통의 경우에, 어떤 사람은 정토에 태어나서, 기쁨으로 가득 차 있고, 집으로 돌아온 아이와 같을 것이다. 가장 못한 경우에, 후회가 전혀 없을 것이다. 영적인 스승을 만나서, 그의 가르침을 수행하였기 때문이다"라고 하셨습니다.

우리 자신을 준비합시다. 지금 이 순간부터 수행에 정진합시다. 그러면 죽음의 순간에 받은 가르침들을 적용할 수 있을 것입니다.

014

인과의 법칙은 언제나 결과가 확실하게 나타나니,

띵리 사람들이여, 악하고 부정적인 모든 행위를 피하라.

—

죽음이란 것이 마른땅에 물이 흡수되거나, 불꽃이 꺼지는 것처럼, 단순히 우리가 사라지는 것이라고 가볍게 여길 수 있습니다. 그러나 죽을 때 우린 몸을 떠납니다만, 마음은 계속 남게 되며, '바르도(Bardo, 중음)'[8]라는 죽음과 재탄생의 중간 단계를 여행하게 됩니다.

바르도 상태에서 우리는 실제적인 몸이 없으며, 늘 써왔던 오감도 작동하지 않습니다. 죽음은 우리를 가족과 친구들로부터 떼어놓습니다. 마치 버터 램프에서 양털이 떨어져 나가는 것처럼 말입니다. 그러나 우리가 가져가는 한 가지는 과거에 해왔던 행위들입니다. 만약 악행을 많이 했다면 삼사라(Samsara, 윤회계)의 낮은 세계에서 다시 탄생하는 것을 피할 수 없을 것입니다. 반대로 선행의 무게가 크다면, 좋은 환경에서 태어나 깨달음을 위해 계속해서 정진할 수 있는 환경을 만날 것입니다. 우리가 바르도를 여행하는 동안 마음은 끊임없이 변하는 바르도를 경험해나가기 때문에, 자신에게 좋다고 여겨지는 것을 선택해서 행하거나, 취하고자 하는 방향을 선택할 시간이 없습니다. 어디에도 출구는 없습니다. 바람에 흩날리는 깃털처럼, 우리는 과거 행위들의 관성에 의해 이리저리 내몰리고, 죽음의 사자를 따라 끌려갑니다. 잠시 쉴 사이도 없이 여기저기서 잡아당깁니다. 어느 한곳에 머물거나 마음대로 떠날 수도 없습니다. 이리저리 떠다니기에 중음계의 몸은 우리의 말을 듣지 않습니다.

인과의 법칙은 온 우주와 모든 생명체에 적용된다는 것을 이해하고 확신을 가지는 것이 중요합니다. 존귀하신 티베트의 성자 '밀라레빠'께선 "가르침에 온전히 헌신할 수 있었던 것과 한 생에 깨달음을 얻게 된 것은 '까르마'의 법칙에 확신이 있기 때문이다" 라고 하셨습니다. 모든 행위에는 피할 수 없는 결과가 기다리고 있습니다. 우리들의 선하거나 악한 모든 행동의 흔적은 모두 심상 속에 남아 있습니다. 악한 행위가 남긴 흔적을 지울 수 있는 방법은 두 가지가 있습니다.

하나는 그 자연적인 결과인 고통을 그대로 경험하는 것이고, 다른 하나는 그 비참한 결과가 나타나기 전에, 적절한 해독제로 정화하는 길입니다.

영적 스승은 모든 선행과 악행은 피할 수 없는 결과가 일어난다고 말씀하셨습니다. 우린 스승의 말씀을 듣긴 하지만, 실제로 믿진 않습니다. 만약 우리가 믿는다면, 아주 사소한 것이라 하더라도 해롭거나 악한 행위를 결코 저지르지 못할 것입니다. 그리고 아주 사소한 것이라도 선행을 개발하는 데 큰 중요성을 부여할 것입니다. 금덩어리가 아무리 작다 하더라도 금이 아니겠습니까?

015

꿈과 같은 세간의 활동들을 뒤로하라,
띵리 사람들이여, 수행을 위해 전력을 다하시길.

—

세속의 다양한 일들은 바다의 파도처럼 하나가 끝나면 다른 하나가 몰려옵니다. 부자들은 돈이 많다고 느끼지 않고, 권력자들은 결코 충분한 힘이 있다고 느끼지 않습니다. 생각해 보십시오. 여러분의 욕망을 모두 충족시키고, 모든 계획을 완수하는 최선의 방법은 그것들을 버리는 것입니다.

깨달은 존재는 세속사의 관심사를 꿈처럼 여기고, 노인이 아이들의 재롱을 보듯이 합니다. 지난밤 여러분은 어쩌면 위대한 왕이 되는 꿈을 꾸었을지도 모릅니다. 그러나 깨고 나면 무엇이 남아 있던가요? 깨어 있는 상태에서 여러분이 경험하는 것은 꿈에서 경험한 것보다 더 실재적인 게 아닙니다. 붙잡을 수 없는 꿈을 쫓아가느니, 여러분의 마음이 고요한 명상 속에 머물고,

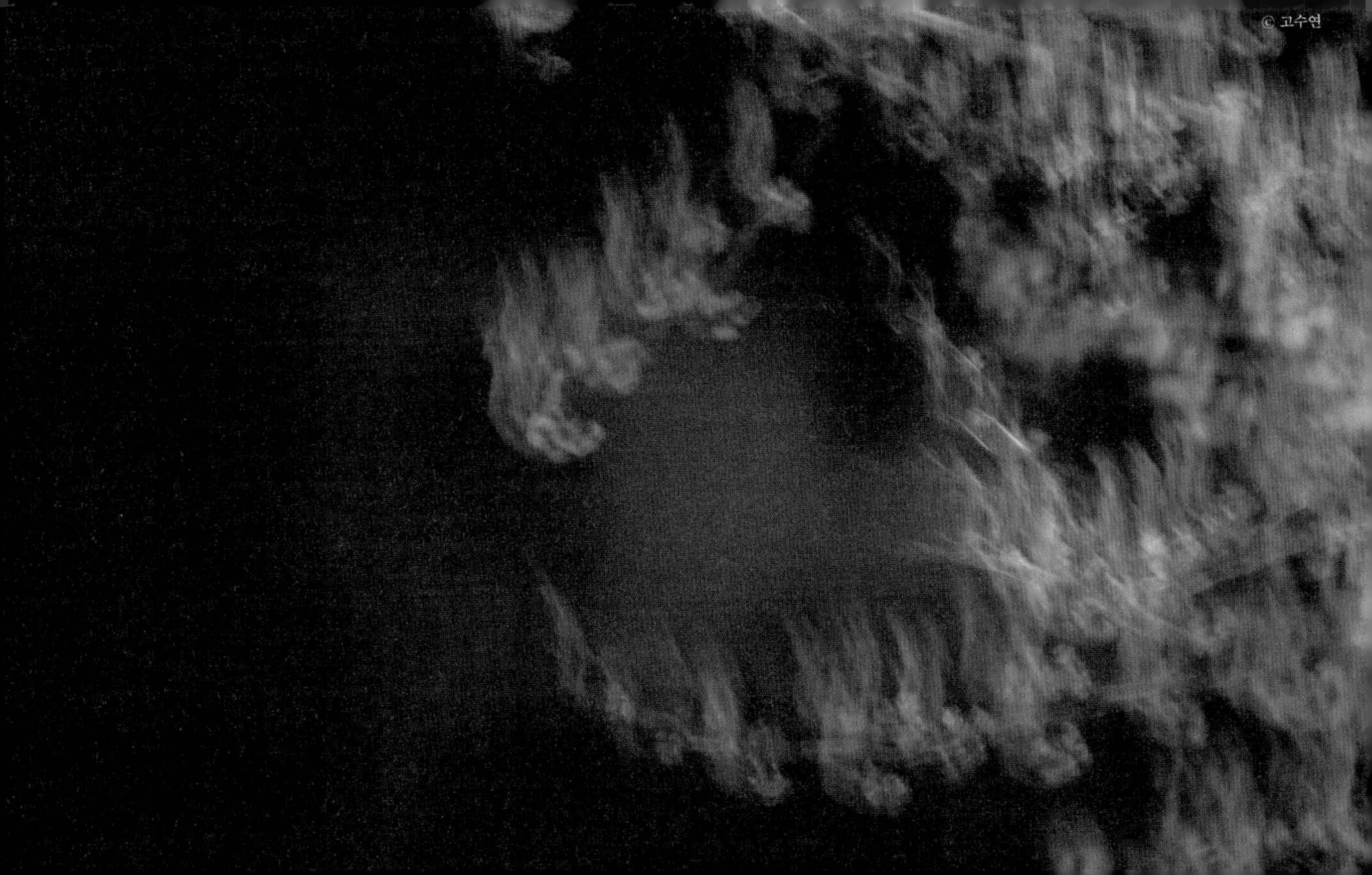

정신적인 동요에서 벗어나, 공성의 자각이 필수불가결한 체험의 한 부분이 되게 하십시오.

016

집착한다고 느끼는 바로 그것이 무엇이건 간에 놓아버려야 하느니, 띵리 사람들이여, 어떤 것도 필요한 것이 없느니라.

—

여러분이 강하게 집착하거나 사로잡혀 있다고 생각하는 어떤 사람이나 물건, 상황을 한번 떠올려 보십시오. 그리고 여러분이 그렇게 집착하고 있는 사람이나, 권력, 재산을 잘 관찰해 보십시오. 그것을 개별적으로 밑바닥까지 들어가 조사해 보십시오. 신기루 같지 않던가요? 이런 방법으로 자신을 들여다보면, 집착은 사라지고, 어떤 것을 소유하기 위해 더 이상 그런 압박이 필요하다고 느끼지 않게 됩니다. 여러분이 '나는 아무것도 필요하지 않아'라는 태도를 취한다면, 여러분의 마음은 저절로 자유로워지고 고요해집니다.

반면 당신이 강한 집착 속에서 살다가 죽는다면, 현생과 후생이 괴로워질 것입니다. 어떤 사람이 남겨놓은 재산에 대한 강한 미련을 가지고 죽는다면, 탐욕에 의해 고통받는 아귀가 될 것입니다.

과거의 위대한 성자나 수행자들은, 목숨을 부지하는 데 필요한 최소한의 음식과 추위로부터 몸을 보호하는 데 필요한 옷으로만 만족했습니다. 그리고 그분들은 누구보다도 만족하셨습니다. 진정한 부유함이란, 가진 것에 만족하는 법을 아는 사람의 것이기 때문입니다. 까담빠(Kadampa)의 위대한 명상 수행자 '까락 곰충(Karak Gomchung)'께서는 티베트의 한 동굴에 살았습니다. 산사나무 덤불이 동굴의 입구를 가리고, 출입할 때마다 수행자의 가사는 이 덤불에 찢기었지요. 그때마다 그는 덤불을 잘라야겠다고 생각하지만 불현듯 죽음에 대한 생각이 떠올라 이렇게 생각하게 되었습니다. '내가 언제 죽을지 알겠는가? 덤불을 제거할 시간이 있으면 차라리 명상을 하는 것이 나을 거야.' 명상의 힘으로 이 위대한 수행자는 하늘을 날고 온갖 신통을 행할 수 있었습니다. 그리고 그의 임종 후에도 그 산사나무는 그대로 있었습니다.

이와 같은 위대한 수행자가 단 한순간마저도 낭비하는 것을 두고 보지 못 하는데, 아직 갈 길이 많이 남아 있는 우리가 어찌 세속적인 일로 삶을 낭비할 수 있겠습니까?

017

그대는 이 세상에 영원히 머무르지 못하리니,

띵리 사람들이여, 지금 당장 떠날 차비를 하라.

—

당신은 수 세기 동안 살 집을 지으려는 생각 안 해보셨나요? 우리가 떠나간 뒤에도 수 세기 동안 남아 있을 그런 집 말입니다. 당신은 운수 대통하여 남은 여생을 아무 걱정 없이 사는 것을 꿈꾸어 보지 않았나요? 이 '영원이라는 악마'는 우리를 유혹해서, 이러한 것들이 영원히 지속될 수 있다고 믿게 합니다.

그러나 이러한 영원할 것이란 믿음은, 결국엔 실망으로 돌아옵니다. 사람들이 임종 시에 얼마나 비극적인지 보세요. 사랑하는 것들을 뒤로하고 떠나야 한다는 것에 제정신이 아닙니다. 그래서 그동안 소유했던 소유물과 최종 유언장에 정신이 팔립니다. 사실상 그것은 집착 목록에 지나지 않습니다. 그러나 그들을 기다리는 운명에 대해선 너무도 모르고 있습니다. 만약 그들이 진정 의미 있는 어떤 것을 완전히 간과해 버린다면, 그로 인해 고통받게 될 것입니다. 그러나 반대로 자신의 몸이나, 어떤 물건이나, 거처할 장소마저도 소유하고 있다는 생각이 없는 현자나 진정한 수행자에 대해 얘기를 듣거나 만나게 되면 얼마나 마음이 고무되겠습니까? 그들은 무엇을 소유하고 있든, 그것은 실제가 아니고 환영이며, 잠시 동안만 빌리는 것이라고 여깁니다.

우리는 윤회계 육도에서의 긴 여행을 해야 합니다. 우리들은 가르침에 다가가기 위하여, 선장이 항해를 위해 세심히 준비하듯, 이 생사를 넘나드는 긴 여행에 걸맞는 준비를 해야만 합니다.

018

만약 그대가 세간사를 우선으로 한다면,

결코 깨달음에 이르지 못하리니,

띵리 사람들이여, 즉시 수행을 시작하라.

—

세간사, 일상생활의 활동은 끝이 없습니다. 마치 호수 표면의 물결과도 같지요. 당신은 계획하는 프로젝트를 향후 10년 혹은 20년 안에 끝낼 수 있으리라 생각할 것입니다. 그리고 나서 편안하고 느긋하게 수행을 할 수 있을 거라 생각 합니다. 그러나 그것은 분명히 인생의 덧없고 나약함을 무시하는 것입니다. 젊은 나이에 갑자기 예기치 않게 죽은 사람들을 본 적 없으신 가요? 비합리적이지만 당신에게 어떤 일이 닥칠지는 아무도 예견할 수 없습니다.

만약 다르마를 수행해야겠다는 생각이 들거든 1초라도 주저하지 마십시오. 내일로 미루지 마십시오. 지금이야 말로 시작할 때입니다. 농부는 (가을)서리가 밭을 덮을 때까지 기다렸다가

씨를 뿌리지 않습니다. 겉흙이 따뜻하고 촉촉할 때 뿌립니다. 당신이 훌륭한 스승을 만나고, 그분의 가르침을 받았다면, 즉시 깨어남의 길에 들어설 준비를 하십시오.

019

숲 속의 원숭이들은 아마도 근심없이 행복하게 지낼 것이다.

띵리 사람들이여,

그러나 숲을 에워싼 가장자리는 불에 타 들어 가고 있구나.

—

산불이 숲을 에워싸도, 깊은 숲 속 한가운데에서는 원숭이들이 이 나무 저 나무를 옮겨 다니며 즐겁게 놀고 맛있는 과일을 먹습니다. 잠시 후 그들을 둘러싼 불길에 의해 산 채로 불에 탈 것을 모른 채 말이죠. 마찬가지로 명예가 있거나, 권력이 있거나, 부유한 자들은 잠복해 있다가 언제 들이닥칠지 모르는 죽음은 알지 못한 채, 즐겁게 그들의 인생을 즐기고 있습니다. 생각해 보십시오. 언제 올지 모르는 죽음과 깨달음으로 향해 놓여 있는 길 중에, 무엇을 정말로 믿을 수 있는지요, 어떤 것이 당신의 인생에서 현명한 선택인지를 말입니다.

020

생로병사는 다리가 없는 강과 같은 것,

띵리 사람들이여, 당신은 건너갈 배를 준비했는가?

—

'생로병사(生老病死)'는 인간의 네 가지 가장 큰 고통입니다. 탄생은 인생이 시작되는 시점이며 동시에 고통이 시작되는 시점이기도 합니다. 곧 나이가 들어감에 따라 건강은 악화되고, 감각은 무뎌지며, 치아는 빠지게 됩니다. 그리고 흰 머리카락이 자라게 되지요. 기억력이 감퇴되어 성미를 고약하게 만듭니다. 누구도 불평 불만 많은 노인의 이야기 듣기를 원하지 않습니다. 욕망 또한 끊임없이 쉬지 않고 우리를 괴롭힙니다. 우리의 소유물이나 일들은 어떻게 될까요? 우리 아이들은 어찌될지 걱정이 됩니다. 질병도 마찬가지로 무거운 고통을 가져다 줍니다. 노쇠하고 아프다가 결국엔 죽음이라는 극도의 고통을 맞이해야 합니다.

이 네 가지 큰 고난은 요동치는 격동의 강과 같고, 우리는 반

드시 이 강을 건너야 합니다. 지금 당장 강을 건너갈 배를 준비하여 건너편 기슭에 다다를 수 있는 배를 준비하는 것이 낫지 않을까요?

021

생과 사 그리고 죽음의 협소하고 좁은 길,
그 길 위에 5독(욕심, 분노, 어리석음 질투, 아만)이라는 산적들과 감정
이라는 적이 복병처럼 당신 안에 매복하고 있다가 습격한다.
띵리 사람들이여, 당신을 이끌어 줄 수 있는 스승을 찾아라.
스승이 그대를 안전하게 인도하리니.

—

여행 중에 산적들이 들끓는 지역을 통과하는 것은 매우 무서운 경험입니다. 수행의 길도 마찬가지입니다. 어렵고 위험한 좁은 길을 통과해야 합니다. 누구든지 깨달음을 향한 이 힘든 여행엔 어마어마한 장애, 특히 5독 즉, 탐진치 3독과 질투 아만과 마주치는 것을 예상해야 합니다. 당신은 어떻게든 욕망이 세워 놓은 복병을 피하려 하겠지만, 노여움이 기다리면서, 다음번 길목에서 여러분을 제압할 준비를 하고 있는 것을 보게 됩니다. 만약 이러한 위험을 피해 달아났다 하더라도, 너무나도 쉽게 아만과 질투의 손아귀에 사로잡히게 될 것입니다. 이 5독이라는 다섯 가지 감정들은 자비심 없는 습격자들 같아서, 조금의 주저도 없이 '삼사라로 부터의 자유'라는 목적지에 도착하기 전에 무자비하게 당신을 해쳐 버립니다. 이러한 위험을 통과하려면, 영적인 스승의 철저한 도움을 받아야 합니다. 오직 스승의 지도하에 안전하고 확실하게 목적지에 도착할 수 있습니다.

많은 것이 여기에 걸려있기 때문에, 진정으로 자격을 갖춘 훌륭한 스승을 선택하는 것에 성패가 달려 있습니다. 스승에게 대한 믿음이 확고하게 되면, 스승의 가르침을 따르십시오. 그리고 마침내 어떻게 수행하는지를 배우게 됩니다. 만약 이 3단계 가르침을 올바르게 따른다면, 당신의 수행은 장애 없이 빠르게 진전할 것입니다. 자비와 지혜를 두루 갖추신 스승 덕분에 당신은 가르침을 온전하게 받을 수 있습니다. 마치 시장에 화려한 음식이 진열된 것처럼 모든 것이 마련되어 있을 것입니다. 그런데 미련하게도 당신은 이 기회를 놓칠 겁니까?

당신이 스승에 대한 확신이 있다면, 나이가 들었을 때 적용할 수행법, 병들었을 때 적용할 수행법, 죽음이 다가올 때에 적용할 수행법을 배울 것입니다. 굳건한 확신을 가지고 삶과 죽음을 마주할 준비가 될 것입니다.

022

스승에게 귀의하는 마음이 항상 하다면,

띵리 사람들이여, 계속해서 그대 머리 위에 스승을 관상하라.

—

어떤 상황이 발생하건 자비로우신 스승께선 절대 당신을 저버리지 않습니다. 만약 당신이 스승에게 확실한 믿음이 있다면, 그는 깨달음을 성취할 때까지 당신을 이끌어 줄 것입니다. 당신에게 보다 강한 신심이 있다면, 수행의 발전은 훨씬 빠르게 진전될 것입니다. 만약 그대의 스승이 부처로 보인다면, 수행의 진전은 매우 신속하게 이루어지게 될 것입니다.

어떻게 스승의 가르침을 따라야 할까요? 물질적인 공양보다 더욱 중요한 것은 신·구·의(身口意) 즉, 몸과 말과 마음으로 헌신하는 것입니다. 그리고 무엇보다 스승의 가르침을 오롯이 수행 정진하는 것이 스승의 은혜에 대한 가장 큰 보답이라 하겠습니다.

수행의 첫 시작은 어떻게 해야 할까요? 먼저 스승으로부터 가르침을 전해 받습니다. 그리고 그 가르침의 의미들을 확실히 이해하고, 자신의 것으로 만듭니다.

전수 받은 가르침은 어떻게 수행해야 할까요? 굶주린 야크(Yak, 중앙아시아에 사는 소과의 동물)처럼, 하나의 건초 더미를 뜯어 먹고 있지만, 그의 눈은 이미 다음 먹이에 눈을 고정시키고 있습니다. 환희심과 열정으로, 그리고 게으름이나 냉담하지 않게 정진해 나갑니다. 특히 '이젠 충분해, 이만하면 됐어'라는 생각은 절대 금물입니다. 사람들은 몇천 번의 오체투지, 몇만 번의 진언을 하고 나서 매우 자신감에 차 있습니다. 그러나 곤충을 죽이는 것에 약간의 망설임도 없으며, 기분에 따라 제멋대로 변덕을 부리고, 악행을 가벼이 여기는 등의 행동을 일삼는다면, 그것은 아주 큰 실수입니다. 그렇기 때문에 우리는 아이들이 부모에게 보살핌을 받듯이 스승의 지도가 필요한 것입니다.

당신의 모든 체험을 스승에 대한 헌신의 환경 속에 다 밀어 넣으십시오. 만약 수행의 필수적인 요점을 파악한다면, 일체의 장애가 없을 것입니다. 예를 들어 당신의 상황이 매우 즐겁고 편안하고 행복하다면 이것을 스승의 축복이라 보시되, 꿈이나 환영으로 여기십시오. 그리고 만약 당신의 상황이 어렵고 고통 속에 있다 하여도 마찬가지로 스승의 가피이며 꿈이나 환영으로 보십시오. 만약 당신이 아프다면, 당신의 통증 부위나 병든 부분에 스승이 계시다고 관상(觀想, visualization)[9]하십시오. 질병이나 아픔은 당신이 과거에 고통의 원천이 되는 무지에서 저지른 악업들을 정화한다는 것을 알아야 합니다. 다른 많은 존재들도 당신과 마찬가지로 고통을 겪고 있습니다. 그러므로 당신의 고통이 그것들을 흡수하기를 기도하십시오. 그리고 이것은 그들을 아마도 모든 고통에서 자유롭게 할 것입니다. 이렇듯 질병은 우리에게 자비심을 가르쳐 줍니다.

023

그대가 스승을 보호주로 여긴다면,
원하는 곳에 도착할 수 있으리니,
띵리 사람들이여,
여정을 위한 경비는 스승에 대한 헌신이니 헌신을 증장토록 하라.

—

영적인 스승은 대지와도 같아서 절대 우리에게 해로운 걸 주지 않고 안전하게 지켜줍니다. 스승은 우리를 깨달음으로 안내할 때 실망시키지 않습니다. 하늘이 있기에, 항공기는 걸어서 가기 어려운 곳에 빠르게 데려다 줍니다. 스승에 대한 헌신으로, 스승의 가피는 우리를 깨달음의 길로 신속히 데려다 줍니다.

'다르마' 단어의 의미 중 '견디다'라는 뜻이 있습니다. 그것은 우리에게 견디고 확신을 갖도록 안내합니다. 어떤 사람이 빠르게 흐르는 강물에 빠져 허우적거리고 있는데, 어떤 힘센 손을 가진 사람이, 물에 빠진 사람을 단단히 잡고 강기슭으로 끌어 줍니다. 이와 마찬가지로 스승은 죽음과 윤회라는 쳇바퀴 속에서 우리를 끄집어낼 수 있습니다. 우리가 스승에 대한 확신과 믿음이 있다면 말입니다.

근본불교에서 대원만 수행에 이르기까지, 불교의 가르침을 따르는 어떤 단계의 수행자이건 정통을 지닌 스승의 안내 없이도 가르침을 수행할 수 있습니다만, 스승은 수행의 진전과 우리에게 생길 수 있는 잠재되어 있는 장애와 잘못된 길로 들어서는 것을 방지해 주는 최고의 길입니다. 그러므로 깨달음을 향한 여행길에 헌신이 그 여비입니다. 우리의 목적지에 다다르기 위해서는 헌신에 자신을 바쳐야 합니다.

024

재산이 늘어날수록 인색해지고 욕심도 늘어난다.

띵리 사람들이여, 보시는 평등하고 차별 없이 하여라.

—

옛말에 '부자가 될수록 더욱 구두쇠가 된다'라는 말이 있습니다. 이것은 자주 사실로 나타납니다. 탐욕은 당신을 불행하게 만들고, 괴로움에 시달리는 아귀계에 환생하게 합니다. 쓰지도 않는 재물을 창고에 쌓아놓는 것보다는 건설적으로 쓰는 것이 좋습니다. 도움이 필요한 사람들에게 자비를 베풀고, 탑을 쌓고, 삼보에 공양을 올리십시오. 보다 관대할수록 보다 풍요로워집니다.

보시는 언제나 모두에게 평등하게 해야 합니다. 가난한 사람, 병자, 노인, 이방인, 친구이거나 모르는 사람, 믿을 수 있거나 아무런 기대를 가질 수 없는 자 등 모든 이에게 구별을 두어서는 안 됩니다. 보시는 과시와 편애, 보상에 대한 기대로부터 자유로워야 합니다.

025

힘을 가진 자는 누구라도 악행을 저지르기 쉽나니,

띵리 사람들이여, 계급이나 권력에 대한 욕망을 끊어 버려라.

—

지위가 높아지면 종종 권력을 확고히 하기 위해서 악행을 저지릅니다. 그들은 그들의 이름을 걸고 저지른 행위에 대해 책임이 있고, 그 결과를 받게 됩니다. 군대의 지도자는 그의 명령을 따랐다가 목숨을 잃게 되는 병사들을 보게 될 것입니다.

수많은 악행으로 얻어진 권력이 무슨 이익이 있겠습니까? 이것들은 무상하고 오직 고통만을 불러오는데 왜 권력, 재산, 높은 지위, 사회적 위치를 갈망하십니까? 오직 한자리, 당신이 절대 나락으로 떨어지지 않을 그 지위는 바로 깨어난 상태뿐입니다.

주

:: 1 역자 주 _ 금강승 (Vajrayana)

수행법으로 불교를 구분할 때 대승(Mahayana), 소승(Hinayana) 그리고 금강승(Vajrayana)으로 나눈다. '금강승'은 주로 대승불교 티베트 전통을 따르는 수행이다.

:: 2 역자 주 _ 만다라 (Mandala)

만다라는 우주의 진리를 표현한 그림이다.

:: 3 역자 주 _ 관정 (Empowerment)

관정은 스승이 제자에게 어떤 특정한 수행을 할 수 있는 자격을 부여해주는 것을 말한다.

:: 4 역자 주 _ 금강형제

금강형제란 금강승 수행을 함께하는 도반을 뜻한다.

:: 5 역자 주 _ 둡첸

둡첸은 수행의 종류이다.

:: 6

진리를 설하신 것은 근본적인 불교의 간결하고도 강력한 원리에 대한 것이며, 다음의 예와 같은 것이다.
"아무리 작더라도 책임질 수 없는 유해한 행동을 하지 말라.
선행을 완벽하게 행하라.
너의 마음을 완전히 장악하라.
이것이 바로 붓다의 가르침이다."

"모든 것들은 일시적이고 덧없는 것이다.
모든 열정은 괴로움이고
모든 현상에는 실체가 없으며
오직 열반만이 고통을 뛰어넘는다."

:: 7

물 공양과 화 공양은 네 부류의 존재들을 위해 올린다. 물 공양은 맑은 물, 우유에 밀가루를 섞어 덩어리를 만든다. 밀가루에 세 가지 하얀 음식(우유 · 버터 · 치즈)과 세 가지 단 음식(설탕 · 꿀 · 당밀), 또한 가피를 받은 물건들이 있으면 섞어 태운다.
이 공양은 자비의 화신인 관세음보살을 '카사르파니'의 형상으로 관상하며, 관세음보살 만트라인 '옴마니뻬메훔'을 염송한다. 관세음보살은 여러 형상을 가지고 있다. 그중에서 '카사르파니'는 크리야 탄트라에서 찾아 볼 수 있다. 대승불교에서 관세음보살은 종종 8보살 중의 한 분으로 붓다의 '협시 보살'로 모셔진다. 밀교에서의 관세음보살은 완전한 깨달음을 얻으신 지혜의 본존으로 연화(蓮花)가에 속한다.
화 공양은 음식을 태워서 연기를 공양 올리는 것이다.

:: 8

바르도는 '중음 상태'를 말하며 일반적으로 죽음과 환생 사이에서의 시간을 말한다.
여섯 개의 바르도는 아래와 같다.

탄생과 인생의 바르도
· 고요한 명상의 바르도
· 꿈의 바르도
· 죽음의 순간에서의 바르도
· 자성의 바르도
· 새로운 몸을 찾는 바르도

:: 9 역자 주 _ 관상(觀想, visualization)

관상은 대상을 정확히 떠올리는 것을 말한다.

02. 티베트 스승이 띄우는 조언의 시...

해가 질 때 그림자는 길게 드리운다

026

권력과 부를 가진 자는 결코 편하거나 행복해 질 수 없나니,
띵리 사람들이여, 고통으로 가슴을 쥐어뜯을 준비를 하거라.

—

그 누구도, 돈이 전부라고 생각하는 사람들보다 불안하고 걱정하는 사람은 없을 것입니다. '어떻게 행운을 잡을까?', '어떻게 관리하지?' 등 그는 끊임없이 도둑들, 경쟁자들, 불운을 걱정하고 두려워합니다. 결국 그는 그의 재산을 모두 잃게 되고 마치 그의 살이 떨어져 나간 것처럼 느낍니다.

어떤 사람은 자신의 사업과 경력을 지키기 위해서 밤낮을 가리지 않고 뛰어다니고, 녹초가 될 때까지 성공을 추구하고 실패를 막으려고 노력합니다. 그들은 모든 사람들을 의심하고, 자기보다 못한 사람에게서 이득을 얻으려 하고, 자기보다 나은 사람과는 같아지려하고, 자기보다 월등한 사람을 몰아내려 합니다. 이들이 근심 걱정 없이 태평한 날을 즐긴다는 것은 거의 찾아보기 힘들겠지요.

힘과 권력이 없는 삶, 잃을 것이 없고 두려울 것이 없는 인생, 그 얼마나 단순하고 즐거운 인생이겠습니까! 쓸데없는 생각을 일으키지 마십시오. 지난 과거를 회상하거나 다가올 미래를 불안해 하며 안달한들 무슨 소용이 있겠습니까? 다르마와 조화를 이루며 현재 이 순간에 머무십시오. 그것을 당신의 인생과 경험을 심지로 만들어 보세요. 그리고 본인 운명의 주인이 되십시오.

027

이 다음 세상에는 가족도 친구도 없으리니,
띵리 사람들이여, 수행에 전념하도록 하여라.

—

우리는 아주 조그만 가시에 찔리면 고통스러워하고, 얇은 얼음 조각에 베이면 놀라서 겁을 내기도 합니다. 그러나 이렇듯 아끼는 이 육신은 조만간 아무것도 느낄 수 없는 시체가 됩니다. 유일한 가능성은 태워지거거나, 땅에 묻히거나, 개가 와서 마구 먹거나, 독수리에게 갈기갈기 찢기는 것입니다. 이 세상을 떠날 때는 아무것도 가져 갈 수 없습니다. 부모, 아이들, 친구들, 하인, 집, 소유물, 돈. 그 어떤 것도 말입니다. 깃털이 흩날리듯, 우리는 '업'이라는 바람에 의해 옮겨 다닙니다. 우리는 어디로 가는 걸까요? 어디에 머물게 될까요? 더 이상 아무런 선택도 하지 못할 것입니다.

누가 우리를 도울 수 있을까요? 우리가 오직 기대고 신뢰할 수 있는 존재는 영적인 스승과 삼보(三寶, 불·법·승), 그리고 인생에서 수행했었던 다르마 뿐입니다.

오직 이것만이 죽음과 환생의 중간 상태인 '바르도(중음)'의 고통과 공포로부터 자유로워질 수 있는 힘이고, 우리를 붓다의 정토로 갈 수 있게 안내해주는 역할을 합니다.

수행을 시작하는 데에는 많은 어려움이 있지만, 결국엔 지복을 선사 받습니다. 처음엔 즐겁게 시작하지만 스트레스와 환멸을 느끼며 끝나는 세간의 일과는 무척 다른 이야기이지요.

그 어려운 시련과 고행을 견뎌야만 했던 '밀라레빠'께선 얼마나 힘드셨을까! 그 모든 것을 이겨내셨기에, 비이원성의 순수한 지복이신, 불괴 불변의 '지금강불'을 성취하셨던 것입니다. 그는 홀로 동굴에서 외로이 수행하셨으나, 그의 영광은 온 세계에 널리 퍼졌습니다. 그도 역시 죽음의 문을 넘어야 하셨습니다만, 지금은 대락정토-투시타의 만달라 중앙에 앉아 계십니다. 세간에서 잘난 척하는 사람들과는 얼마나 다른 이야기입니까! 국가의 통치자나 백만장자가 죽으면, 사람들은 "누가 누가 죽었데"라고 말합니다. 그게 전부입니다. 초를 켜거나 물을 뿌려 주기도 하겠지요. 그러나 그 이상의 것은 없습니다.

'다르마(dharma)'라는 단어에는 '교정하다' 혹은 '수정하다'라는 의미가 있습니다. 모든 불완전함을 교정하고 완전함을 개발하는 것 외에 달리 어떤 방법으로 우리가 자유를 얻을 수 있겠습니까? 수행 정진함으로써 얻게 되는 특성들은, 다가올 미래 생들의 영적인 잠재력으로 우리 곁에 남아 있습니다.

028

그대가 만약 산란함에 끌려다닌다면,
소중한 인간생의 특혜를 허비하는 것이다.
띵리 사람들이여, 지금 당장 단호한 결단을 내릴지어다.

—

한 가지 변하지 않는 인간의 성향이 있다면, 그것은 세간의 즐거움을 매우 좋아한다는 것입니다. 생각을 통제하고, 마음이 완전한 적정에 도달하지 않는 이상, 우리의 행동은 우유부단함과 별 의미 없는 활동들을 좇을 가능성이 큽니다. 그리하여 시간을 낭비하고, 수행할 수 있는 소중한 기회를 허비하게 됩니다. 수행을 내일로 미루는 것은 죽을 때까지 미룬다는 것과 마찬가지입니다.

수행을 하겠다고 결심한 한 사냥꾼 '치라와 괸뽀 도르제(Chirawa Gonpo Dorje)'가 '밀라레빠'께 "저는 이제 수행 정진하고자 합니다. 그러나 집에 가서 가족과 이별하고 바로 돌아오겠습니다"라고 하였습니다. 은둔자(밀라레빠)는 단호하게 말씀하셨습니다.

"지금 당장 마음을 정하라, 만약 집으로 돌아가면, 가족들은 너의 마음을 바꾸려들 것이고, 너는 돌아오지 못할 것이다. 만약 정진하고자 하는 생각이 있으면, 지금 당장 시작하기로 결정하라."

그리하여 이 사냥꾼은 집에 돌아가지 않았고, 밀라레빠의 깨달음을 성취한 뛰어난 제자 중의 한 사람이 되었습니다.

망설임의 덫에 빠지지 마십시오! 수행에 당신의 모든 노력과 헌신을 쏟으십시오. 그 어떤 방해도 간섭하지 못하게 말입니다.

029

그대가 세간의 즐거움에 빠져 바삐 지낼 때
죽음의 신은 그대를 기다리고 있구나.
띵리 사람들이여, 지금 바로 이 순간부터 수행 정진하도록 하여라.

—

당신은 일을 해야만 할 지도 모르고, 사업상 어딘가 참석해야 하고, 혹은 사업에 필요한 파트너를 찾느라 고민할지도 모릅니다. 이것은 오직 당신들은 이렇게 시간을 소비할 거라는 나의 추측일 뿐입니다. 그러나 기억하십시오, 당신이 이러한 일들에 점점 더 매달려 약간의 수행 시간조차 한 켠으로 치워 놓을수록, 죽음이 다가올 때 그 위험성은 더 커집니다. 수행할 시간에 세간의 일에 무게를 싣는 것을 허락하지 마십시오. 만약 어느 날 낮에 수행을 해야겠다는 생각이 들었다면, 바로 실행에 옮기십시오. 만약 밤이라면 그날 밤, 바로 하십시오. 어디에 있건, 몇 시이건 말입니다.

030

언제 죽음의 신이 나타날까?

아무도 대답할 수 없으니,

띵리 사람들이여, 언제나 경계심을 늦추지 말지어다.

—

죽음이란 것은 갑자기 찾아옵니다. 번개처럼 들이닥칩니다. 어떤 상황에서건, 아무런 경고도 없습니다. 당신은 건강한 사람일 수 있고, 친구와 맛있는 음식을 즐기거나 혹은 아름다운 경치를 감상하고 있을 수도 있습니다. 그러나 죽음이 언제 올지 아무도 모릅니다. 당신은 가까이하던 것들을 다 놓아야만 합니다. 오고 가던 대화는 다 마치지 못할 수도 있고, 먹던 음식도 다 먹지 못하고, 계획은 마무리되지 못한 채 떠나가야 합니다.

사람들이 갑자기 죽는 일이 늘 일어나는 것은 아니지만, 사고를 당한 사람, 살해당한 사람, 오염된 음식에 중독되어 죽은 사람, 혹은 약을 잘못 투여하여 죽은 사람, 게임이나 운동 중 부상을 입어 죽은 사람, 전쟁에 의해 희생된 사람 등 죽음은 늘 이렇

게 가까이에 숨어 있는 위협적인 존재입니다. 죽음은 산적이 들끓는 곳을 통과해야 하는 여행자 같아서, 늘 경계를 늦추지 않아야 합니다. 정치적 지도자는 언제 암살당할지 모르므로 늘 주위를 경계해야 합니다. 그는 한 장소에서 이틀 밤 이상 묵지 않고, 죽을지도 모르는 절박한 상황을 늘 염두에 두어야 합니다. 매일 밤 잠을 청하기 전에 이렇게 생각해 봅시다.

"내일 아침 나는 침대에서 시체로 발견되지 않을까?"

031

당신이 죽는 날, 그 누구도 지켜줄 자가 없으니,

띵리 사람들이여, 스스로를 의지해 갈 준비를 하라.

—

죽음의 문턱에 이르렀을 때, 주변의 친구들과 친척들은 당신과 더 이상 함께하지 못합니다. 약간의 도움도 줄 수 없습니다. 재벌일지라도 죽을 때는 1원도 가져갈 수 없고, 가장 힘이 센 장군도 목숨을 지키기 위해, 군대에 명령을 내린들 아무 소용 없습니다. 모든 이가 그렇듯 그도 항복해야 합니다.

당신의 의식은 몸을 떠나고, 중음계를 떠돌게 됩니다. 중음신이 됩니다. 당신은 음지에서 상실감과 절망감에 젖어 홀로 있는 자신을 발견하게 됩니다. 뭘 해야 할지도 모르고, 어디로 가야 할지도 모릅니다. 말로 설명할 수 없는 끔직한 환영들은 너무도 무섭습니다. 비록 그 환영은 당신 마음의 투영 이상은 아니지만, 적어도 바르도(중음) 상태에서의 환영은 실제 상황처럼 무섭게 다가옵니다.

이 상황에서 오직 편안할 수 있는 원천은 당신이 해왔던 수행입니다. 그렇기 때문에 지금 당장 수행하는 것이 중요합니다. 평화로운 국가라도 언제 터질지 모르는 전쟁 준비를 하는 것처럼요. 이와 같은 이유로 늘 방심하지 말아야 하고 수행을 해서 죽음에 대처하십시오. 수행을 하는 것은 다가올 생에 양식을 제공하는 것이며 미래의 행복을 위한 초석이 될 것입니다.

032

만약 죽음에 대해 깊이 생각한다면, 무엇도 필요치 않으리니,
띵리 사람들이여, 항상 마음속에 죽음에 대해 유념하라.

—

어느 날 모든 것들이 항상 하지 않음을 알게 되면, 모든 존재들이 매우 유약함을 깨닫게 됩니다. 죽음을 항상 의식하게 되면, 일상생활에서의 갈망을 정지시킬 수 있게 됩니다. 당신은 홀로 조용히 수행하고 싶은 것 외엔 아무것도 바라는 것이 없게 됩니다. 티베트의 성자 '밀라레빠'를 보십시오. 그는 쐐기풀을 먹으며 연명하였고, 면으로 된 숄만을 걸쳤습니다. 그렇지만 그는 한 생애에 최고의 깨달음에 이르렀습니다.

그러나 만약 당신이 죽음과 무상에 관해 철저히 관조하지 않으면, 세상의 헛된 일에 마음을 빼앗기지 않는 것이 어려워집니다. 당신은 계속해서 필요한 것 이외의 것들을 원하게 될 것입니다. 먹을 것이 충분히 있더라도, 더욱 맛있는 음식을 원하게 됩니다. 입을 옷이 충분히 있고, 적절한 주거 공간이 있어도, 당신은 더욱 멋진 옷을 입길 원하고, 보다 크고 편안한 집에 살길 원하게 됩니다. 당신은 이미 사귀는 사람이나 연인이 있더라도, 더 나은 사람이 없나 찾아보게 되겠지요.

여기 나열한 모든 상황은 당신이 아직 죽음이 얼마나 가까이 있는지를 잊고 있다는 증거입니다. 왜 이런 일들에 에너지를 쏟는지, 어쩌면 당신은 이 세상에 오랫동안 있을 것이라고 맹신하는 것은 아닌지요?

과거의 위대한 수행자들이 묘사하기를, "요기들은 무상에 대한 생각을 가슴에 깊이 새긴다"라고 합니다. 그들은 세간의 일들을 좇는 것이 헛된 것임을 선명하게 보았습니다. 그들의 마음은 오롯이 수행으로 향해 있습니다.

그들의 수행은 언제 올지 모르는 죽음을 생각하여, 최소한 간소하게 사는 삶을 기본으로 합니다. 그리고 인적이 드문 동굴에 기거하여야 한다는 것을 알았습니다. 이 훌륭한 수행자들은 물론 지금은 다 입종하였지만, 그분들은 모든 존재들을 위하여 살다 가셨습니다. 그분들은 끝도 없이 인생의 즐거움에 사로잡힌 윤회계의 낮은 영역이 아닌, 불국토에 계십니다.

이러한 선견지명과 심오한 관점은 당신 안에도 있습니다. 이것은 지속적으로 죽음에 대해 유념하는 것의 결과입니다. 죽음을 늘 염두에 두는 것은 마치 감로수 같아서 당신의 건강을 회복시키고 수행을 해 나감에 있어 보초처럼 지켜보며 산란심에 빠지지 않게 지켜 줍니다.

033

해가 질 때 그림자는 길게 드리우듯이,

죽음의 신은 매우 가까이에 숨어 있나니

띵리 사람들이여, 재빨리 그에게서 벗어나거라!

—

석양 무렵 해가 기울어 질 때 서산의 그림자는 점점 더 가까이 드리워지고, 가느다란 빛만을 남기다가 마침내 어둠이 내려앉습니다. 마찬가지로 죽음의 그림자도 삶의 태양이 짐에 따라 가까이 다가옵니다. 그렇지만 한 가지 크게 다른 점은 죽음은 언제, 어디에서 올지 예상이 불가능하다는 점입니다. 탄생의 순간 인생이 죽음을 향해 가는 것은 불변의 진리이고, 얼마나 살아갈지에 대해선 확신할 수 없습니다.

쫓기는 범죄자는 절대 고요한 시간을 가질 수 없습니다. 그는 언제나 주변을 경계해야 하고, 그를 기다리고 있는 처벌에서 도망치기 위해 절박하게 수천 가지의 계획을 고안해내야 합니다. 당신은 그가 미래에 살 집에 대해 상상할 수 있다고 생각하십니까?

어떻게 언제 닥칠지 모르는 죽음의 협박에서 마음 편히 휴식을 취할 수 있겠습니까? 지금부터, 당신의 유일한 의지처는 수행 정진이어야 합니다. 죽음을 호의적으로 바꾸는 길은 없어 보입니다.

034

기막히게 아름다운 아침의 꽃이라도 해가 지면 시드나니,
띵리 사람들이여, 당신의 육신에 너무 많은 희망을 걸지 말라.

—

갖가지 아름다운 꽃들이 여름 바람에 찰랑거립니다. 이 아름다운 꽃들은 추운 겨울이나 우박이 온 후에도 존재할까요? 숲은 가을에 초록에서 금색으로 변합니다. 겨울엔 나뭇잎이 다 떨어진 가지만 남고 생명력 없이 검게 변하지요.

우리들의 몸도 마찬가지입니다. 날이 갈수록 늙고 노쇠해 가며 활력을 잃는 것에 우리는 그 어떤 것도 할 수 없습니다. 당신이 육체적 나이에 집착할수록, 더욱 젊어지고 싶은 욕망이 생깁니다. 겉모습에 너무 신경 쓰지 마십시오. 그보다는 인생이 허비되지 않는 쪽으로 마음을 기울이세요. 다르마를 수행하십시오. 수행 정진하면 할수록 당신의 만족감은 더욱 자라날 것입니다.

035

비록 살아 있을 때 천신들의 자식들을 닮은 것처럼 멋지더라도,
한 번 죽고 나면 악마의 무리들보다 더 무섭고 끔찍할지니,
띵리 사람들이여, 환영일 뿐인 육신에 그대들은 속아 왔느니라.

—

지금 이 순간 당신은 자신의 육신에 자신감을 가지고 있을 수도 있습니다. 의심의 여지 없이 잘 가꾸고 돌보겠지요. 당신의 친구들이나 친척들은 다정히 손을 잡고 미소 지으며 애정 어린 말들을 합니다. 그러나 당신이 죽은 다음 날 모든 것들은 매우 달라집니다. 당신이 사랑했던 그 사람은 시체를 한시라도 빨리 문밖으로 내보내기 위해 뭐든지 할겁니다. 그 누가 시체를 집에 두고 싶겠습니까? 만약 당신이 티베트에 있었더라면, 밧줄로 묶어 푸대에 넣어진 뒤 조장터로 옮겨집니다. 시체를 토막 냅니다. 그 후 독수리에 의해 갈갈이 찢기게 되겠지요.

어떻게 하면 육신을 좋은 곳에 쓰이게 할까요? 대부분의 사람은 답을 가지고 있지 않습니다. 공예가는 시간이 있는 동안 연장

을 빌려 가능한 좋은 작품을 만들기 위해 노력할 것입니다. 당신의 몸도 마찬가지로 시간으로부터 빌려 온 것입니다. 죽음으로 돌아가기까지 약간의 시간이 남아 있는 것이지요. 가능하다면 수행을 하는 것이 더 나은 쪽으로 쓰이는 것 아닐까요?

036

장날에 온 손님들은 거래가 끝나면 모두 흩어지듯이,
띵리 사람들이여, 친구들과도 언젠가는 헤어지게 될 것이다.

—

많은 사람들이 모여 파티를 합니다. 매우 즐거운 이벤트지요. 그들은 웃고, 춤추고, 이야기하고 많은 친구들과 함께 맛있는 음식을 즐깁니다. 그렇지만 어떤 만남이건 간에 결국 처음과 끝이 있고, 현재 함께 있는 사람들은 모두 흩어지게 됩니다. 낮 동안에 사람들이 벌떼처럼 몰려들어 활기 넘치던 시장이 저녁이 되면 어디론가 사라집니다. 가족 구성원들도 마찬가지입니다. 모여 있을 때 행복을 느낄지도 모르지만, 죽음과 윤회의 문턱은 반드시 혼자서 건너야만합니다.

037

마법으로 인해 서 있는 저 허수아비는 반드시 쓰러질 것이니,
띵리 사람들이여, 인과응보를 잊지 말고 행동하라.

—

농부는 새나 야생동물들로부터 곡식을 보호하기 위해 허수아비를 세웁니다. 허수아비는 기껏해야 한 계절을 넘길 수 있을 것입니다. 허수아비가 걸친 옷은 비바람을 맞아 점점 헤지고 누더기가 됩니다. 이와 마찬가지로 과보에 의해 생성된 우리의 몸도 언젠가는 해체되고 맙니다.

몸과 마음의 일시적인 조합인 당신의 몸, 이 육신이 마음과 분리되는 시간이 다가오면, 결국 병과 노화에 의하여 황폐하게 됩니다. 당신에겐 시간이 남아 있지 않고, 수행을 할 힘도 없습니다. 좀 더 일찍 수행하지 않은 것을 후회합니다. 지금 당신의 인생 중 바로 이 순간, 당신이 좋은 환경에 놓여 있을 때 바로 모든 에너지를 수행에 쏟는 것이 필요합니다. 상인들이 그들의 제품을 선보이는 때가 진짜 장날이 아닐까요?

수행 정진하는 계획만 짜는 것은 지식이나 지혜를 주지는 않습니다. 만약 계속해서 문·사·수(文思修, 배우고 숙고하고 명상하는 것)를 미룬다면, 육체와 두뇌의 기능이 쇠퇴하여 나중에는 할 수 없을지도 모릅니다. 그리고 당신을 이끌어 줄 스승도 세상을 떠나버려서 영영 기회를 놓쳐 버릴지도 모릅니다.

대개의 경우, 우리가 부정적인 습성을 따르는 것은, 전생에 지은 악행의 결과입니다. 그러나 다르마로 이끌어주는 선한 습성은 선한 행위에 자신을 바친 사람의 보기 드문 특권입니다. 수행하기 좋은 조건이 형성되면, 그 기회가 있을 때 바로 모든 힘을 다하여 시작하여야 합니다. 수확기의 농부가 조금만 늦어도 곡물 수확에 손실이 있다는 것을 알고 있는 것과 같습니다.

사람들은 세간의 목표를 이루기 위해 엄청난 노력을 아끼지 않습니다. 속담에 '별로 모자를 삼고, 이슬로 구두를 삼는다'라는 말이 있습니다. 이는 늦은 밤까지 일하고, 새벽이 되면 또 일을 시작한다는 뜻입니다. 인생에 있어 가장 중요한 목표인 깨달음의 성취를 위하여 왜 에너지를 쏟아붓지 않으십니까?

038

그대 마음속의 독수리는 언젠가는 날아갈지니,
띵리 사람들이여, 이제 높이 날아오를 때이다.

—

독수리는 시체를 다 쪼아 먹은 다음에는 재빨리 그 자리를 떠나 날아갑니다. 비슷하게도 인생을 마치는 시간이 다가오면 마음은 몸을 떠나 바르도(중음)를 향해 떠납니다. 윤회와 열반의 세계를 넘어가기 위해서 우리는 공성과 자비라는 양날개가 필요합니다. 지금부터 이 두 개의 날개로 두려움 없이 다가올 인생이라는 하늘을 날아 봅시다.

039

육도의 모든 존재들은 부모로서 그대들을 보살펴왔다.
띵리 사람들이여, 그들을 향한 사랑과 자비를 증장시켜라.

—

무한하게 큰 우주처럼, 뭍 생명들의 숫자도 그러합니다. 우리들은 이 생에서 다른 사람들과의 관계가 비교적 적다고 생각합니다. 동네에서 우리는 몇몇의 이웃을 좋아하고, 몇몇은 싫어하고, 그 나머지는 별로 신경 쓰지 않거나 무시합니다. 이와 같은 편견과 타인에 대한 제한적 인식으로 인하여 집착과 공격성이 계속 자라나게 됩니다. 이런 행동은 우리를 윤회계로 이끄는 힘인 업을 축적하게 됩니다.

만약 우리가 끝없이 이어지는 과거의 생을 볼 수 있다면, 우리는 이 지구상의 모든 존재들이 아주 많은 생 동안 나의 아버지, 어머니였다는 것을 알게 될 겁니다. 그들이 우리에게 보여준 사랑과 친절에 보답하기 위해서라도, 우리는 반드시 사랑과 자비심을 증장시켜야 합니다. 위대한 성취자들이 그랬던 것처럼 말입니다. 무엇보다도 우리 마음 깊은 곳에서부터 한 명도 남김없이 모든 존재들이 완전한 깨달음을 얻을 수 있기를 서원해야 합니다. 이러한 서원에서 일어나는 공덕의 크기는 그렇게 되기를 바라는 숫자에 비례합니다. 즉, 몇 명을 위해 했을 때에도 공덕이 증장합니다. 그러므로 정말 셀 수도 없는 많은 존재들을 위해 기도한다면 그 공덕은 정말이지 헤아릴 수 없을 만큼 쌓이게 될 것입니다.

이러한 공덕의 기초는 선한 마음입니다. 붓다께서 프라산지뜨(Prasanjit)왕에게 이렇게 말씀하셨습니다.

"위대한 왕이여, 당신의 업적은 실로 훌륭하오. 당신이 앉아 있을 때나, 걸을 때나, 먹을 때, 휴식을 취할 때, 모든 당신의 행동이나, 법, 판결들은 당신의 착한 마음에서 나왔소. 이러하니 하는 일마다 좋은 일이 생길 것이며, 자신에게도 무한한 공덕이 쌓일 것이오."

무엇이 '선한 마음'일까요? 사랑으로 부모님을 돌봐 드리는 것이 그 증거입니다. 그렇지만 헤아릴 수 없는 모든 존재 가운데 부모님은 오직 두 분이십니다. 진심으로 착한 마음을 가진 사람이 되고자 한다면 친구 뿐 아닌 적들이나 모르는 사람들을 비롯하여 모든 존재들을 향하여 증오, 이기심, 무관심이 아닌 착한 마음으로 대해야 합니다.

적개심을 느끼는 사람을 마음속으로 가장 사랑하는 사람인 것처럼 생각해보세요. 그리고 만약 어떤 사람에게 지나친 집착을 느낀다면 그 사람을 꿈에서 만난 사람이거나, 실재가 없는 환영이라고 여기십시오.

좋은 심성이란 다른 사람들을 이롭게 한다는 뜻을 가지고 있습니다. '타인을 이롭게 한다'는 것은 무엇을 의미할까요? 음식이나 옷을 주거나, 잠자리를 제공하거나 하는 등의 보살핌은 의심할 나위 없이 '착한 마음'의 증거입니다만, 그럼에도 이러한 친절은 아직 충분하지 않습니다. 우리들은 타인을 무한하게 끝없이 도와야만 합니다. 그리고 오직 '다르마'만이 이것을 가능하게 합니다.

가능한 모든 방법으로 직접적이거나 간접적이거나 행동으로 혹은 기도로 도우려고 노력해야 합니다. 개미집 위에서 불보살님들을 호명하거나, 양어장이나 새장에서 자비심을 가지고 기도합니다.

“저 수많은 짐승들이 윤회계의 낮은 영역에 다시 태어나지 않기를.”

이런 행동들은 실제로 많은 도움을 줍니다. 다른 존재들을 돕고자 하는 마음이 지속적으로 일어나게 하십시오. 이렇게 하다보면, 모든 존재들을 이롭게 하기 위해 깨달음을 얻고자 하는 마음이 생깁니다. 이것이 바로 ‘보리심’입니다. 이 마음은 더욱 더 크게 여러분 내면에서 일어날 것입니다.

겉모습으로는 행동을 판단할 수 없습니다. 그 가치는 내면의 태도에 달려 있습니다. 자기중심적인 동기에 의해 눈에 띄는 자선활동을 하고, 그것을 남들이 알아주고 감사를 바란다거나, 일부러 선업을 쌓기 위해 선한 동기 없이 하는 행동들은 착한 마음과는 전혀 상관없는 일입니다. 이러한 마음의 동기는 행동의 질을 더욱 악화시킬 뿐입니다. 대승의 진실한 길은 사랑과 자비이며, 모든 존재들의 자유를 위한 서약을 고취시켜야 합니다.

‘보리심’은 절대적인 보리심인 ‘진제’와 상대적인 보리심인 ‘속제’ 두 가지의 측면으로 볼 수 있습니다. 진제의 보리심이란, 공성을 자각하는 것이며, 시간이 경과하면서 천천히 무르익게 됩니다. 속제의 보리심이란, 사랑과 친절 그리고 자비에 뿌리를 둔 이타심이며, 일종의 태도와 행동으로 나타납니다. 오랜 시간 깊이 있게 키워 나가다 보면, 속제의 보리심이 마음을 변하게 하고, 어느덧 진제의 보리심으로 변해가게 됩니다.

보살이 공성을 완전히 깨닫게 되면 부처가 됩니다. 그의 자비는 일반적으로 생각하는 경지를 뛰어넘게 됩니다. 예를 들면, "이 사람은 나에게 도움을 요청하니 내가 도와 줘야겠어" 혹은 "이 사람은 기도를 하지 않는군"과 같은 생각들 말입니다. 그의 자비와 공성은 범 우주적이며 모든 것을 아우르게 되며 미치지 않는 곳이 없게 됩니다. 이러한 자비는 편견이 없고 집착이 없으며 싫고 좋음이 없습니다. 마치 태양이 조건 없이 공평하게 비추듯이 말이죠. 크거나 작거나 혹은 깨끗하거나 진흙이 묻었거나를 보지 않습니다.

자비는 제 스스로 빛나는 공성의 광휘이며, 개념으로부터 자유로우며, 설명 그 이상의 것입니다.

이것이 바로 붓다의 중생제도를 위한 가없는 불사입니다. 만약 당신이 이것을 이해한다면 고열로 고생하는 환자에게 한줄기 시원한 바람이 불 때마저도, 그것이 붓다의 사랑과 자비임을 알게 됩니다.

040

적개심은 전생의 악업에 의한 윤회계의 환영일 뿐,
띵리 사람들이여,
증오와 적대심을 사랑과 자비로 변화시킬지어다.

—

명백한 이유 없이 우리에게 가해지는 일들로 고통을 겪을 때가 있습니다. 마치 중국이 티베트인들을 해친 것처럼 말입니다. 이는 우리들이 전생에 누군가에게 해를 입혔기 때문입니다. 만약 우리가 무력으로 대항하면, 고통은 더욱 증가할 것입니다.

만약 누군가가 당신에게서 소중한 무언가를 훔쳐갔다면, 화내거나 우울해 하지 마시고, 분노하거나 후회하지 마십시오. 그리고 복수나 앙갚음은 잊어 버리세요. 마음속으로 도둑이 무엇을 가지고 갔건 관용을 베풀고, 과거의 악업을 정화하게 해달라고 기도하십시오. 증오에 대한 올바른 대처는 오직 사랑입니다.

붓다의 전생담 중에 인욕이 얼마나 완벽할 수 있는지를 보여주는 이야기가 있습니다.

어느 날 왕이 숲을 거닐고 있었는데 그가 그늘에서 쉬는 동안 숲 속의 빈터에 사는 현자의 발밑에 왕비가 앉아 있는 것을 보고 몹시 화가 났습니다. 이 은둔 수행자는 '인내의 대가'라 불리는 '크샨티바딘(Kshantivadin)'이었습니다. 그가 인내의 대가라는 이야기를 들은 왕은 그를 시험해 보려고 화나게 만들려 했습니다. 첫째는 그의 두 팔을 잘랐고 다음엔 머리를 잘랐습니다. 그러나 이러한 맹공격에도 불구하고 그에겐 사랑과 자비 이외엔 아무런 감정이 없었습니다. 그 현자는 훗날 그가 부처가 되었을 때 왕과 왕비가 그의 첫 번째 제자가 되게 해달라고 기도하였습니다.

041

오체투지와 성지순례는 육신의 업(身業)을 정화시키나니,
띵리 사람들이여, 세간의 일들을 멀리하여라.

—

어쩌면 당신은 아침부터 저녁까지 일을 할지도 모르겠습니다. 들판을 쟁기질하고 멋진 집을 짓거나 여행을 할 수도 있고요. 이러한 노력들은 재정적인 풍요를 주거나 다른 짧은 만족감을 안겨 줄 수도 있습니다. 하지만 그 어떤 것도 영원한 행복을 줄 수 없고 깨달음에는 아무 도움이 되질 않습니다.

만약 당신의 모든 행동이 다르마와 관련되어 있다면 그것이 단순히 절을 한다거나 사찰을 순례하는 것들 일지라도 깊은 의미를 지니게 됩니다.

붓다께서 이르시길, 단 한 번의 절이라도 진정한 헌신이 깃들어 있다면 여러 생을 위대한 왕으로 태어날 인연을 짓기에 충분합니다.

절하는 몸 밑에서부터 우주의 황금 대지 만큼이나 공덕이 무량하다고 하셨습니다.

042

기도문과 귀의는 구업(口業)을 정화하나니,

띵리 사람들이여, 세간의 어리석은 대화를 멀리하여라.

—

속담에 '입은 속임수 상자이니 온갖 허물과 악행의 관문이다' 라고 하였습니다. 사람의 입에서는 부정적인 감정이 섞인 수다, 거짓말, 중상모략, 가혹한 말들이 쏟아져 나옵니다. 악의에 찬 험담, 또는 전쟁이나 다른 나쁜 소식들을 말하는 것은 부정적인 감정을 더욱 커지게 만듭니다.

반면 간단한 기도문, 진언, 삼보를 부르는 귀의문 등을 소리 내어 말하는 것은 당신을 고통에서 자유롭게 하고, 큰 혜택을 얻게 합니다. 부처님과 구루 파드마삼바바를 부르는 진언의 소리를 듣는 자는 누구든지 세 가지 큰 두려움에서 벗어날 수 있습니다.

세 가지 큰 두려움이란 다음과 같습니다.

첫째, 소승불교 수행자들의 두려움인 삼악도에 떨어지는 것.

둘째, 대승불교 수행자들의 두려움인 자기중심적인 욕망.

셋째, 금강승 수행자들의 두려움인 현상의 실체에 집착하는 것.

수행자들은 절대 쓸데없는 수다에 관여하여서는 안 됩니다. 기도문을 외운다던가 연기와 공성이 설명된 심오한 내용이 담긴 서적을 읽는 편이 더 바람직합니다.

043

강력한 헌신은 의업(意業)을 정화시키나니,

띵리 사람들이여, 그대의 정수리 위에 스승을 떠올려라.

—

만약 당신의 마음이 지속적으로 돈과 재산에 사로잡혀 있다면, 다음 생엔 배고픔과 목마름에 시달리는 아귀계에 태어날 것입니다. 만약 당신의 생각이 가족과 사랑하는 사람들에게 사로잡혀 있으면, 헤어지는 아픔으로 임종 시에 고통을 겪게 됩니다.

그러나 끊임없는 헌신은 지속적인 평정과 만족을 가져다 줍니다. 스승의 존명을 기억하는 것만으로도 당신의 인식은 완전히 변할 수 있습니다. 스승을 당신 정수리 위에 계시다고 관상(Visualization)하십시오. 비록 짧은 순간일지언정 망상을 멈출 수 있습니다. 헌신은 스승의 자비라는 낚싯바늘로 윤회계의 수렁 밖으로 잡아당기는 고리입니다.

깨달음은 이미 마음속에 내재 되어 있습니다만, 그 베일을 벗기는 일이 쉽진 않습니다. 그러나 만약 당신이 강한 헌신을 일으키고, 스승의 깨달음의 불성을 당신의 일상적인 마음과 융합시킨다면, 깨달음을 성취할 수 있습니다. 진정으로 자애로운 스승을 명상하는 것은 다른 어떤 수행보다 심오한 영적 수행이 될 것입니다.

044

그대의 육신과 뼈는 함께 태어나도 언젠가 반드시 분리되리니,
띵리 사람들이여, 그대들이 영원히 살 것이라 믿지 말거라.

—

살덩이와 뼈로 구성되어 있는 이 육신은 결국엔 땅속에 묻히거나, 화장되거나, 강에 뿌려지거나, 새 먹이가 되거나 썩어가게 됩니다. 그럼에도 우리들은 왜 이 육신에 그리도 집착할까요?

그렇지만 만약 수행하는 데 사용한다면 당신의 육신은 매우 소중한 도구가 될 것입니다. 몸이 와해되기 전에 할 수 있을 만큼 수행 정진하십시오. 헛된 즐거움에 시간을 낭비하지 말아야 하며, 악업을 쌓는 행위는 하지 않도록 하세요.

045

변함이 없는 자성의 땅,

가장 숭고한 이 지역을 굳게 지켜라.

띵리 사람들이여,

이곳은 변함이 없는 영토이니라.

—

땅 한 조각을 사서 깨끗하게 정돈하고, 집을 짓고, 경작을 하는 등의 행위가 미래에, 여러분을 행복하게 하고 만족시켜줄 거라고 생각하지만, 그렇지 않습니다.

정말로 가치가 있는 땅은 모든 사물의 궁극적이고 불변하는 본성, 원시 청정(kadak trödral)이라는 요새입니다. 그것을 붙잡는 방법은 은둔 명상을 하여 '대원만(Dzogchen)'에서 끝나는 각기 다른 수행 단계를 거쳐가는 것입니다.

여러분이 이 모든 단계를 완전히 성취하고 나면, 나머지 인생에서, 사후에, 혹은 앞으로 살아갈 모든 인생에서 그 상태로 머물 수 있습니다.

그러나 그러한 경지에 이르기 위해서는 끊임없이, 용감하게 나아가 행동을 취할 준비가 되어있어야 합니다.

046

마음의 본성은 소중한 보물이며, 가장 숭고한 부유함이로다.
띵리 사람들이여,
마음의 본성만이 고갈되지 않으며 영속하는 보배임을 알라.

—

엄청난 노력의 결과로 당신은 어마어마한 재산을 소유하고 있을지도 모릅니다. 이 풍요가 영원히 지속될까요? 여기 다른 종류의 풍요로움이 있습니다. 예를 들어 지혜, 자비, 신심, 보시, 정진 같은 자산은 우리가 행할수록 크게 증식됩니다. 이러한 소중한 보물들은 우리 마음의 본성 안에 풍부하게 존재합니다. 그리고 윤회계의 결핍으로부터 자유롭습니다.

047

가장 숭고한 음식의 풍미, 그것은 명상의 매우 아름다운 맛,
띵리 사람들이여, 선정으로 배고픔의 고통이 사라지는구나.

—

먹은 음식이 맛이 있건 없건 혹은 부족하거나 풍부하거나, 결국엔 대변으로 변하게 됩니다. 밀라레빠와 또 다른 훌륭한 요기(yogi, 은둔 수행자)들은 몇 달씩 음식을 먹지 않아도 허기를 느끼지 않았습니다. 그분들은 명상으로 몸을 유지하는 법을 알고 있었습니다.

자신에게 고요하고 깊은 선정과 통찰의 영양분을 먹이십시오. 그리하면 당신은 이 생과 다음에 다가올 생에 있어 평온의 맛을 즐길 수 있습니다. 당신은 무지의 기근에서 벗어날 수 있고 자연스레 명상으로 마음이 기울어질 것입니다.

048

세상에서 가장 숭고한 음료는 마음 챙김의 감로수이다.
띵리 사람들이여, 이 감로수의 흐름은 결코 중단되지 않으리라.

—

보통의 음료와는 달리, 마음 챙김의 감로수는 언제 어디서나 당신의 목마름을 한 번에 가시게 할 수 있습니다. 밀라레빠는 이렇게 말하였습니다.

"만약 마실 음료가 필요하거든 마음 챙김과 깨어 있음의 차를 마셔라."

만약 점진적으로 수행을 진전시키고 실수를 극복하려면, 마음의 상태를 알아차리는 것이 필요합니다. 그리고 당신의 행동으로 인해 벌어질 일들에 대해서도 늘 주의를 기울여야 합니다. 당신이 걸을 때나 앉을 때나, 먹을 때, 쉴 때 언제든지 마음 챙김을 유지하는 것이 중요합니다. 또한 이것은 죽음에 직면했을 때 많은 힘이 될 것입니다. 바르도에서 두려움에 떨 때, 당신의 스승과 삼보를 기억할 수 있다면 즉시 공포에서 벗어날 수 있습니다. 깨어 있음은 죽음과 재탄생 사이를 지날 때, 인과의 과정을 거칠 때, 그 길을 잘 갈 수 있도록 도움이 됩니다.

마음 챙김은 당신의 모든 행동과 영적 성장을 이끌어 줍니다. 당신이 무엇을 하든, 항상 세 가지 핵심을 잊지 마십시오.

첫째, 항상 모든 존재들에게 도움이 되는 좋은 일을 한다. 둘째, 완전히 집중해서 그것을 행하되, 행위의 주체와 행위의 대상, 행위라는 개념적 집착에서 벗어난다. 셋째, 쌓은 공덕은 모든 존재의 해탈을 위해 회향한다.

저녁에는 낮 동안 있었던 일들과 생각들을 돌아보고 실수나 경솔한 행동들을 반성하십시오. 당신 자신에게 이렇게 말하세요. 스승을 만난 것과 그의 가르침을 받은 것이 매우 잘한 일이란 것을요. 선행으로 모든 중생들에게 공덕을 회향하고 그들을 더욱 향상시키겠다고 서원하십시오.

049

가장 숭고한 친구를 의지하는 것은 궁극의 지혜를 알아차리는 것.
띵리 사람들이여, 이 지혜와는 결코 헤어지지 않으리니.

—

머지않아, 당신은 가장 친한 친구와도 헤어져야만 합니다. 하지만 당신이 그의 존재를 인식하지 못할지라도 절대 헤어지지 않는 한 친구가 있습니다. 바로 순수의식인 '불성'입니다. 스승의 가르침을 듣고서 당신은 서서히 발견하기 시작합니다. 당신이 마음의 고요를 지속하고, 알아차림이 깊어질수록 그 관계는 더욱 깊어집니다. 결국 늘 당신 가까이에 불성이 있다는 것과 또 늘 당신과 함께라는 것을 알게 됩니다. 이것이야말로 당신이 늘 구축해야 하는 가장 진정한 우정입니다.

050

'순수한 알아차림'이라는 어린아이를 그대의 아이로 알고 찾으라.
띵리 사람들이여, 이 아이는 태어난 적도 죽은 적도 없느니라.

—

아이가 태어나면 부모는 기쁨에 넘칩니다. 식구가 한 명 더 늘면 가정의 연대감은 더욱 단단해 집니다. 후에 그 아이들은 부모와 재산을 돌보게 됩니다. 부모의 과한 집착은 아이들에게 때로는 기쁨 보단 괴로움을 주게 됩니다. 특히 자식이 먼저 죽게 되면 부모들은 너무도 큰 절망에 빠지게 됩니다.

게다가 많은 경우, 부모들이 나쁜 행동을 해서 무언가를 얻게 되면 그것을 아이에게도 똑같이 하라고 종용합니다. 자신이 모른다 하더라도 인과응보에 따라 서로 해를 끼치는 결과를 낳게 됩니다. 부모들은 나쁜 짓을 하여 오점이 남더라도 부(副)를 축적하도록 부추깁니다. 또한 자식들은 끊임없이 계속되는 나쁜 행동으로 부모에게 해를 끼칩니다.

당신의 자손으로, 순수자각(Rigpa)[2]이라는 선척적으로 내재되어 있는 아이를 찾아 보는 것이 어떨까요? 당신은 망상에 가려져 이 아이를 바로 보지 못했습니다. 그렇지만 다시 한 번 맑은 마음으로 명료하게 찾는다면 그는 당신 곁에 있을 것이고 당신이 죽더라도 그를 당신에게서 떼어 내지 못합니다. 오직 그만이 원초의식과 공성의 합일인 마음의 본성이라는 고향으로 당신을 안내할 수 있습니다.

주

:: 1

불교 우주관에 의하면, 황금기반 위에 메루산과 네 개의 대륙, 여덟 개의 아(亞)대륙(일반적으로 인도, 파키스탄, 방글라데시를 말한다) 그리고 7대양이 있다.

:: 2 역자 주_순수자각(Rigpa)

Rigpa(릭빠), 즉 순수자각은 산스크리뜨어의 비드야(Vidya)에 해당 하는 티베트어이며, 일반적으로 지성, 자각을 의미한다. 그러나 티베트불교 가르침의 정점인 족첸에서 이 릭빠는 '마음의 근본 품성'이란 뜻을 가지고 있다. 모든 불법은 우리의 궁극적인 본성을 깨닫게 하기 위한 것이다. 이것은 모든 사물의 바탕이며, 이것으로부터 모든 것이 나온다. 이것은 모든 관념적 규정을 넘어서 있으며, 철학, 종교마저 넘어선다.

자각에는 세 가지가 있다.

· 셰빠 – 알아차림 – Cognizance, Knowingness
· 셰 쉰 – 주의 깊게 바라 봄 – Vigilance
· 릭빠 – 순수자각 – Pure awareness

이 세 가지는 자각을 개발하기 위한 주제로 명상을 다룰 때는 항상 함께 따라다니는 말이며, 세심하게 구분할 필요가 있는 말이다.

03. 절망 속에서 만난 위로의 시...

수면에 그린 그림

051

공성의 세계에서 순수자각(Rigpa)의 창을 휘둘러라.
띵리 사람들이여, 그 견해는 어떠한 것에도 걸림이 없는 창이니라.

—

당신의 견해는 하늘만큼이나 높고 광대할 것입니다. '순수자각'이 마음의 비어 있는 본성 속에 한 번 나타나게 되면, 더 이상 나쁜 감정에 의해 휘둘리지 않게 되고 오히려 마음의 장식이 됩니다. 견해의 체득, 이 변함없는 상태는 무언가 존재한다거나 남아 있거나 사라지거나 하는 것이 아니라는 것을 깨닫게 됩니다. 이 알아차림은 생각의 흐름을 관찰할 수 있습니다. 마치 고요한 노인이 아이들이 노는 것을 지켜보듯이 말입니다. 번뇌 망상은 순수의식에 영향을 줄 수 없습니다. 마치 허공에 검을 휘두르는 것처럼 말입니다.

티베트의 여성 수행자였던 뻴다붐(Peldarbum)은 밀라레빠에게 이렇게 물었습니다.

바다에 관해 명상할 때,
나의 마음은 매우 편안합니다.
파도에 관해 명상을 하면,
나의 마음은 혼란스럽습니다.
파도에 관해 명상하는 것을 가르쳐 주십시오.

이에 위대한 수행 성취자 밀라레빠가 이렇게 답하였다.

그 파도는 바다의 움직임이다.
스스로 그 광대함에 가라앉을 때까지 그냥 내버려두어라.

생각은 순수자각의 장난입니다. 순수의식을 깨닫는 것은 생각이 일어나는 곳이 실은 생각이 생겨나고 남아 있다가 사라지는 곳이 아니라는 것을 아는 것입니다. 이러한 이치를 깨닫게 되면, 생각은 더 이상 마음의 장애물이 되지 못합니다.

당신이 생각을 좇아갈 때 마치 강아지가 막대기를 좇는 것과 같습니다. 매번 막대기를 던질 때마다 그것을 잡으러 갑니다. 그런데 만약, 그 생각이 어디에서 왔는지를 보게되면 각각의 생각들이 깨어 있음(awareness)이란 공간에 나타났다 사라지는 것을 알게 됩니다. 마치 사자처럼, 막대기를 쫓아가기 보다 막대기를 던진 이를 향해 돌아서지요. 막대기를 던진 바로 그 사람에게요.

창조된 것이 아닌 '마음의 본성'이란 요새를 차지하려면 생각의 근원과 그것이 어디에서 오는지를 알아야 합니다. 그렇지 않으면, 1초 내에 하나의 생각, 그리고 둘, 셋의 생각들이 연달아 일어납니다. 눈 깜짝할 사이에, 과거의 기억이나 미래의 예측들이 공격해 옵니다. 그리고 현재 상태의 순수자각은 완전히 망상에 휘둘리게 되지요.

여기 한 수행자의 이야기가 있습니다. 그는 제단에 공양물로 올려진 쌀을 비둘기들에게 모이로 주었는데 갑자기 그때 다르마 수행에 헌신하기 전에 만났던 수많은 적들이 떠올랐습니다. 그리고 이런 생각이 들었습니다.

'수많은 비둘기들이 내 창가에 있다. 만약 이렇게 많은 병사들이 있었다면 쉽게 적을 물리칠 수 있었을 텐데.'

이 생각은 그의 적개심을 통제 불능으로 만들어 결국 그는 은거 수행을 그만두고 용병부대를 만들어 그의 적들을 향해 쳐들어 갔습니다. 이러한 악행은 오직 단순한 한 가지, '망상'이라는 것에 의해 시작되는 것입니다.

만약 당신이 망상을 키우는 대신, 공성을 깨닫는다면, 나타났다 사라지는 생각들을 명확하게 알아차리게 되고 깨달은 공성은 더욱 강해질 것입니다.

052

생각이 뚝 끊긴 자리, 방일이 없는 자리, 관찰자도 사라진 자리, 띵리 사람들이여, 명상은 혼침과 산란으로부터 벗어나야 하리라.

—

당신의 마음이 순수의식 상태에 있어 과거나 미래에 대한 생각이 없고 망상에 의한 바깥 대상에 끌려다니지 않고, 정신적인 추론에 빠져 있지 않을 때, 마음은 (있는 그대로 아무것도 꾸미지 않는) 원시청정(Kadak Trödral)[1]의 상태가 될 것입니다. 그 상태에서는, 강제적 주의 깊음이라는 엄격함으로 생각들을 정지시킬 필요가 전혀 없습니다. 이런 말이 있지요.

"부처의 경지는 꾸미지 않은 원시청정의 마음이다."

그러한 꾸밈없는 청정을 인식하게 되면, 마음의 어떠한 노력도 없이 그러한 인식을 유지하는 것이 필요합니다. 그렇게 되면 떠오르는 생각을 막으려 애쓰거나 이들로 인해 당신의 명상이 망쳐지는 것을 두려워할 필요 없는 내적자유를 경험하게 됩니다.

053

자재(Lhundrup)[2]의 상태에서 어떤 저항도 남지 않게 해야 하리니,
띵리 사람들이여,
행동 속에서 버릴 것도 취할 것도 전혀 없음을 알라.

—

(있는 그대로 아무것도 꾸미지 않는) 그 청정의 상태를 유지하십시오. 행복, 성공, 그리고 다른 좋은 환경을 원하십니까? 그것들을 꿈이나 환상으로 여기십시오. 그것들에 집착해서는 안 됩니다. 당신은 혹시 육체적, 정신적인 질환, 중상모략, 혹은 다른 시련에 시달리고 계시나요? 이런 것들에 의해 용기를 잃지 마십시오. 자신의 고통을 통해 모든 존재의 고통이 사라지기를 바람으로써, 자비심의 불을 당기십시오. 어떤 상황에 처해있더라도, 들떠있거나 낙담하지 마십시오. 그러나, 흔들리지 않는 적정 속에서 어디에도 얽매이지 않고, 편안하게 머무르십시오.

054

사신(四身)은 상호 불가분의 관계이며 모두 너의 마음 안에 있으니,
띵리 사람들이여, 결과는 모든 희망과 의심 너머에 있으리니.

—

부처의 경지는 저 멀리에 있는 것, 다다를 수 없는 멀리 떨어져 있는 목표라고 생각하는 것 같습니다. 그러나 실제로는 여러분 마음의 가장 근본적인 성품인 공성이 다름 아닌 진신(眞身), 법신(法身)입니다. 마음의 자연스러운 표현인 명료한 앎은 수용신(受用身)인 보신(報身)입니다. 그 명료함에서 나오는 편재하는 자비의 몸은 응화신(應化身)인 화신(化身)입니다. 그리고 이 삼신 안에 내재되어 있는 하나의 모습이 자성신(自性身)입니다.

이러한 붓다의 네 가지 신체와 차원은 항상 여러분 안에 존재합니다. 하지만 그것이 거기에 있다는 것을 모르기 때문에, 여러분은 그것이 아주 멀리 어딘가에 있는 것으로 생각할 뿐입니다.

'나의 명상이 올바르게 되고 있을까?'

당신은 끊임없이 궁금해 합니다.

'나의 수행은 언제쯤 진전이 있을까? 나는 절대로 스승의 경지에 이르지 못할거야.'

희망과 두려움이라는 사이에 있는 당신은 결코 편안할 수 없습니다.

당신의 기분에 따라 어떤 날은 매우 잘 되고 다음 날엔 전혀 안 되기도 합니다. 정신적 고요함이 지속되는 황홀한 경험이 일어나면 그 경험에 매달리다가, 생각이 홍수처럼 범람하여 잦아들지 않을 때는 명상을 그만두고 싶은 마음이 듭니다. 이것은 명상 수행 방법이 아닙니다.

어떤 마음의 상태가 찾아오더라도, 매일 정기적으로 수행하십시오. 생각의 흐름을 잘 관찰하고, 그 생각이 일어난 원래의 상태로 돌아가십시오. 이제 막 명상을 시작한 사람이 밤낮으로 집중을 유지한다는 것을 기대하는 것은 어려운 일입니다.

마음의 본성에 관한 명상을 시작할 때 짧게 여러 번에 나누어 하는 것을 권합니다. 인내심을 가지고 수행을 하다 보면, 점진적으로 마음의 본성을 인식하고 깨닫게 됩니다. 이 깨달음의 상태는 점점 더 동요하지 않는 확고함을 갖게 됩니다. 바로 이 시점에서 당신을 괴롭히고 노예로 만들었던 생각들은 그 힘을 잃게 됩니다.

055

윤회와 열반의 뿌리는 그대 마음 안에 있으니,

띵리 사람들이여, 마음은 어떠한 형태나 내용이 없노라.

—

윤회계의 쳇바퀴 속으로 들어가서 방황하도록 만드는 것은 우리들 자신의 마음입니다. 마음의 참된 본성이 가려져 있기에, 우리는 자신의 생각에 시선을 고정시킵니다. 그러나 생각은 그러한 본성이 어떤 모습을 취한 것에 지나지 않습니다. 이러한 심리적 고착화를 통해서 순수자각은 나와 남, 좋고 싫음 등의 고정관념에 의해 굳어지게 됩니다. 이것이 바로 우리가 윤회계를 만들어 가는 방법입니다.

우리가 스승의 가르침을 따름으로써, 고형화된 개념을 녹일 수 있다면 순수자각은 자연적으로 발화할 것입니다. 부연하자면 만약 나무의 밑둥을 자르면 몸체와 가지, 나뭇잎들이 모두 함께 떨어집니다. 유사하게 만약 당신이 생각의 근원을 자른다면, 윤회계의 모든 망상(미혹)들이 사라질 것입니다.

우리가 경험하는 모든 것들 모든 윤회계와 열반계의 현상들이 마치 무지개처럼 생생하고 선명하게 보입니다만, 그것엔 어떠한 실체가 존재하지 않습니다. 언젠가 당신이 이 현상들의 본성, 즉 나타나지만 실체가 비어 있음을 알게 된다면, 당신의 마음은 망상의 압박으로부터 자유로워질 것입니다.

궁극적으로 마음의 본성을 안다는 것은 부처의 경지를 깨닫는 것이며, 그것을 깨닫지 못하면 무명에 빠지는 것입니다. 어느 경우건 당신 마음에 달려있습니다. 이것은 여러분을 자유롭게 하기도 하고 속박하기도 합니다.

하지만 마음이란 것이 결정되어 있는 어떤 실체라는 것은 아닙니다. 마치 도자기를 만드는 도공의 진흙처럼 어떠한 모양으로도 나타날 수 있습니다. 스승이 제자에게 마음의 본성에 대해 설할 때, 콘크리트처럼 단단한 물체에 대해 알려 주는 것이 아닙니다. 제자가 마음의 본성을 알고자 찾을 때, 스승은 잡을 수 있는 어떤 독립체를 설명하는 것이 아닙니다. 마음의 본성을 인식하는 것은 공성을 인식하는 것과 같습니다. 그게 전부입니다. 말이나 개념 너머의 상태이지요. 언어로는 설명할 수 없습니다.

이러한 깨달음을 얻기 위해서, 예지력이나 신통력 그 밖의 특별한 체험들은 도리어 당신을 착각에 빠지게 합니다. 오로지 마음의 비어 있는 본성을 깨닫기 위해 정진하십시오.

056

탐심 진심이 나타날 때,

새들이 하늘을 날듯 어떠한 흔적도 남지 않아야 하리,

띵리 사람들이여,

명상 중에 생기는 체험에 대한 집착으로부터 벗어나거라.

—

일반적으로 우리는 가족, 소유물, 지위 등에 집착하고 우리에게 상처를 준 사람들이나 해하려는 사람들을 혐오합니다. 이때 외부적인 대상들로부터 관심을 돌려, 대상을 좋다거나 나쁘다고 파악하는 그 마음을 살펴보려 노력하십시오. 탐욕이나 혐오가 형체, 색깔, 실체 혹은 소재(장소)를 가지고 있습니까? 만약 그게 아니라면 어째서 그리도 쉽게 이러한 감정에 휘둘릴까요?

그것은 당신이 이 감정들로부터 어떻게 하면 자유로워질 수 있는지 모르기 때문입니다. 여러분이 생각이나 감정들이 스스로 떠오르고 사리지게 내버려둔다면, 그것들은 그냥 마음을 스쳐 지나갑니다. 새가 하늘을 날 때 아무런 흔적도 남기지 않듯이 말입니다. 이는 비단 집착이나 분노에만 적용되는 것이 아니라, 명상 중의 체험(지복감, 명징함, 생각이 사라짐 등)에도 해당됩니다. 이러한 체험은 수행에 정진한 결과로 오는 것이며, 마음속에 내재되어 있는 창조성이 모습을 드러낸 것입니다. 그것은 무지개처럼 나타나는 것이며, 그러한 체험에 매달리는 것은 무지개를 옷으로 지어 입고 싶은 마음에 무지개를 뒤쫓는 것처럼 헛된 일입니다. 그저, 생각과 체험이 오고 가게 놔두시고, 결코 붙잡지 마십시오.

057

아직 태어나지 않은 법신은 마치 태양의 심장 같으니,
띵리 사람들이여,
그 명징한 빛은 차오르지도 않고 사그라들지도 않는다.

—

모든 사물의 궁극적인 본성인 법성(Dharmata), 법신(Dhamakaya)은 완벽 그 자체이며, 모든 것들의 궁극적인 자연이며 또한 공성입니다. 그러나 이것은 아무것도 없다는 뜻이 아닙니다. 모든 현상을 아는 인식과 명료함이 있고, 자생적으로 나타납니다. 법신은 인과에 의해 만들어지는 것이 아닌, 마음의 근원적인 성품입니다.

이러한 근원적 성품을 인식하는 것은 무명의 밤을 꿰뚫는 지혜의 태양이 떠오름과 같다 하겠습니다. 어둠은 순간적으로 사라지고 그림자는 남지 못합니다. 법신의 명징한 빛은 달처럼 차고 기우는 것이 아닙니다. 마치 태양의 중심에 군림하는 변하지 않는 광휘와도 같은 것입니다.

058

생각은 마치 빈집에 든 도둑 같은 것,

띵리 사람들이여, 잃을 것도 얻을 것도 없느니라.

—

독립적으로 존재한다는 확신을 주는 '나'와 그 생각들, 우리는 이 생각들과 감정들을 따르고 이것에 의해 행동하고 좋건 나쁘건 업이란 결과를 짓습니다. 실은 생각은 빈집에 든 도둑 같아서 도둑은 가져갈 것이 없고 주인은 잃을 것이 없습니다. 생각이란 것이 실제로 존재하지 않는다는 것을 깨닫고, 남아 있거나 사라지는 것이 아니라는 것을 알게 됨으로 생각은 어떠한 영향을 끼칠 수 없게 됩니다.

이런 식으로 생각으로부터 자유로워지면 생각은 어떠한 영향도 줄 수 없게 되고 아무런 업의 결과도 가져오지 않습니다. 부정적인 생각이라서 두려워할 것도 없고, 긍정적인 생각이라서 기대할 것도 없습니다.

059

마치 수면에 그린 그림처럼, 감각은 흔적을 남기지 않는다.
띵리 사람들이여, 미혹된 모습을 영원하다 생각하지 말지어다!

—

우리들은 본능적으로 편안함과 즐거움을 좋아하고, 육체적 정신적 고통을 싫어합니다. 이러한 성향은 계속적으로 편안함을 추구하고 보존하고 더욱 즐거움을 증가시키고자 노력하게 합니다. 좋은 옷을 입고, 맛있는 음식을 먹고, 편안한 장소에 머물고, 감각적인 즐거움을 누리길 원합니다. 그리고 즐겁지 않거나 고통스러운 것은 피하거나 파괴해 버립니다.

이러한 감각은 끊임없이 모습을 바꾸고 참된 본질에서 벗어나, ('나'라고 하는) 몸과 마음의 일시적인 조직체에 의지하지만, 거기에 매달려도 아무 쓸모가 없습니다. 이 (감각적인) 지각에 끌려가거나 속지 말고, 모습이 생기는 순간 그냥 사라지게 놔두십시오. 수면에 쓴 글씨가 쓰자마자 사라지는 것처럼 말입니다.

060

집착과 혐오에 대한 생각은, 하늘에 떠 있는 무지개와 같은 것,
띵리 사람들이여, 어떤 것도 잡거나 파악할 것이 없느니라.

—

사람들은 원하는 것이나 싫어하는 것에 너무 지배 받고 있어서, 때론 그것을 만족시키기 위해 자신의 삶을 다 바치기까지 합니다. 전쟁은 이를 너무나도 잘 보여주는 비극적인 예입니다. 여러분이 가지고 있는 집착과 혐오의 생각이나 느낌은 매우 단단하고 어쩔 수 없는 것 같지만, 주의 깊게 들여다보면 무지개만큼 실체가 없음을 알게 됩니다. 여러분의 삶을 다 바쳐 충동을 만족시키고, 권력과 쾌락, 재물을 갈망한다면, 분명 무지개를 잡고 싶은 아이처럼 어리석어질 것입니다.

수행에 있어, 언제든 강한 욕망이나 분노가 치밀 수 있습니다. 이럴 때 생각을 면밀히 들여다 보고 그것들이 근원적으로 비어 있음을 알아차리십시오. 만약 이것을 할 수 있게 되면, 생각이나 감정은 스스로 사라집니다. 다음 생각이 일어나더라도 위와 같이 알아차린다면 이들은 당신의 마음을 잡아 두는 힘을 잃게 될 것입니다.

061

마음의 움직임은 하늘의 구름처럼 스스로 사라지니,

띵리 사람들이여, 마음에는 어떠한 기준점이 없느니라.

—

하늘에 구름층이 형성되더라도 하늘의 본질은 손상되지 않습니다. 또한 구름이 흩어진다 하더라도 하늘의 본질이 향상되는 것도 아니지요. 하늘은 더욱 넓어지거나 맑아지지 않으며 좁아지거나 탁해지지 않습니다. 그것은 변화한다거나 어떤 것의 영향도 받지 않습니다. 마음의 본성도 이와 같습니다. 생각의 일어남이나 사리짐에 의해 달라지는 것이 아닙니다.

마음의 근본성품은 '공성(空性)'입니다. 그 성품이 자연스럽게 드러남이 '명징성(明澄性)'입니다. 이 두 측면에서 본다면 마음은 서술하려는 의도에 따라 구분되겠지만 그 본질은 하나 입니다. 마치 이 두 개념이 독립된 실체이기라도 한 것처럼, '공성'이라는 개념이나 '명징'이라는 개념 어느 하나에만 고정시키는 것은 잘못입니다. 궁극적인 마음의 본질은 모든 개념이나 정의, 편파적인 견해를 넘어섭니다.

아이가 '나는 저 구름 위를 걸을 수 있어'라고 생각합니다. 만약 이 아이가 구름 위에 서더라도, 발 디딜 곳이 전혀 없다는 것을 알게 될 것입니다. 마찬가지로 생각이 일어나는 것을 면밀히 관찰하기 전까지 생각은 매우 견고해 보입니다. 그러다 생각의 실체가 존재하지 않는다는 것을 발견하게 되는데, 이것이 제법의 '현공일여'라는 것입니다.

062

집착이 없다면 생각은 마치 바람처럼 자유로워지는구나,
띵리 사람들이여, 마음은 어떤 대상에도 매달리지 않는다네.

—

바람은 하늘로부터 불어와 어느 곳에도 머물지 않고 날아갑니다. 모든 공간을 스쳐 가고 어디에서건 흔적을 남기지 않습니다. 이와 같이 생각은 마음을 스쳐 가지만, 어떠한 업의 앙금을 남기지 않습니다. 이미 갖추어진 청정에 대한 자각을 잃어버리지 않도록 하십시오.

063

순수자각은 고정됨이 없는 무지개와 같은 것,

띵리 사람들이여, 체험이 일어나는 것에 얽매이지 않도록 하여라.

—

깨달은 마음인 순수자각은, 모든 망상(미혹)에서 벗어난 마음이며, 존재한다 존재하지 않는다는 개념 자체를 초월해 있습니다.

"집착이 있으면 바른 견해를 가질 수 없습니다."

사까파의 위대한 스승인 '제쮠 닥빠 곌첸'이 환시를 통해 지혜의 화신인 문수보살로부터 전해들은 내용입니다. '깨달음'이 존재한다고 말할 수 없습니다. 붓다께서도 본 적이 없기 때문이지요. 존재하지 않는다고도 말할 수 없습니다. 왜냐하면 윤회와 열반의 원인이기 때문입니다. 존재한다, 존재하지 않는다의 개념이 있다면 당신은 마음의 참된 본성을 깨달을 수 없습니다.

무지개가 하늘에서 빛날 때, 하늘에 나타난 모습이라 여길 수 있습니다. 하지만 무지개는 곧 사라지고 하늘은 하늘일 뿐입니다. 마치 명상할 때 마음에서 일어나는 체험과 흡사하다고 할 수 있습니다. 좋은 경험은 당신이 깨달음을 얻을 수 있다는 확신이 들게 하고, 반대로 나쁜 경험은 당신을 좌절시킵니다. 그러나 그것은 독립된 실체가 없습니다. 옛말에 이르길, '경험에 사로잡힌 명상은 무지개에 홀린 어린아이와 같다'라고 하였습니다. 이러한 경험에 의미를 부여하지 마십시오. 그리하면 경험이 당신을 타락하게 만드는 일은 없을 것입니다.

064

궁극적 본성을 깨닫는 것은 귀먹은 벙어리의 꿈과 같은 것,

띵리 사람들이여, 이것은 언어로 설명할 길이 없느니라.

—

말을 못하는 어떤 사람이 아름다운 꿈을 꾸고는 선명하게 기억합니다만, 그것을 말로 설명할 수는 없습니다. 마찬가지로, 마음의 본성은 어떤 설명으로도 불가능합니다. 마음의 궁극적인 본성인 법신은 어떤 언어로도 규정할 수 없습니다. 당신은 '존재'라고 말할 수도 있습니다만, 텅 비었다는 것 말고는 그것을 보여 줄 수는 없습니다. 혹은 '아무것도 아니다'라고 말할 수도 있겠지만 무수무변의 이 현상들을 어찌 설명할 수 있겠습니까? 마음의 본성은 말로 설명할 수 있는 것이 아니며, 그 어떠한 생각으로도 파악할 수 없습니다.

065

깨달음은 피어나는 아가씨의 즐거움과 같은 것,
띵리 사람들이여,
체험하기 전엔 기쁨과 행복을 설명할 수가 없느니라.

—

깨달음을 얻게 되면 마음은 온전히 자유롭고 편안하고 충만하고 광대하고 고요합니다. 이 깨달음은 마치 인생의 봄을 맞은 청소년기의 기쁨과도 같이 표현하기가 어렵습니다.

066

명료함과 공성의 결합은 물에 비친 달과 같으니.

띵리 사람들이여,

그 어떤 것도 집착하거나 방해하는 것이 없나니.

—

우리가 감지하는 모든 것들, 윤회와 열반 전체에 걸쳐 있는 모든 현상은 우리들 마음의 자연스러운 창조성이 지어내는 유희로써 나타납니다. 이 마음의 명징성 즉, 우리들이 감지하는 개별적인 현상의 모습은 마음의 텅 빈 본성이 발현된 광채입니다.

공성은 명징성의 본질이며, 명징성은 공성의 다른 표현입니다. 둘은 나눌 수 없습니다. 마음은 물에 비친 달과 같아서 호수 표면에서 달이 빛나고 있을지언정 그것을 잡을 수는 없는 일이지요. 현재 생생히 살아 있지만 동시에 형체는 없는 것입니다.

마음의 본성은 공성과 명료함의 합일이어서 어떤 것도 방해할 수 없으며 무언가를 방해하지도 않습니다. 바위같은 딱딱한 물체처럼, 공간을 차지하거나 다른 사물을 차단하는 물리적인 모습이 있는 것도 아닙니다. 본질적으로 마음은 실체가 없고 두루 존재합니다.

067

현상과 공성은 텅 빈 하늘처럼 나눌 수 없는 것,

띵리 사람들이여, 마음은 중심도 가장자리도 없느니라.

—

마음은 형상과 소리, 그 외의 다른 현상들을 이해하고, 행복과 고통을 경험합니다. 그러나 현상 세계는 그 자체로 존재한 적이 없습니다. 이것을 분석해보면, '텅 빔'만이 있을 뿐입니다. 물리적으로 빈 공간이 모든 세계가 펼쳐지는 다양한 차원을 제공하는 것처럼, 마음의 비어 있는 본성도 마음의 표현이 나타날 공간을 제공합니다. 물리적 공간이 한계가 없고, 중심도 가장자리도 없는 것처럼, 마음은 공간과 시간 양쪽에서 시작도 끝도 없습니다.

068

생각과 산란심이 없는 마음은 미인의 거울과 같으니,
띵리 사람들이여,
마음은 이론적인 교리에서 벗어난 자유로운 것이다.

—

한 번 마음의 본성을 깨닫게 되면, 의식적으로 마음의 본성을 돌이켜 생각하거나 특정 방향으로 수식하는 것을 더 이상 막을 필요가 없습니다. 이 시점에서, 마음은 '명상' 속에 있는 것이라고 말할 수 없습니다. 자연스럽게 고요한 통합 상태로 쉬고 있기 때문입니다. 특정한 본존들을 관상할 필요도 없습니다. 마음은 일상의 잡념이나 망상에 사로잡히지 않게 됩니다. 애쓰지 않고도 계속적으로 본성 그 자체의 상태에 머물게 됩니다.

자각은 기분이 좋다거나, 불쾌하다거나 하는 지각에 영향을 받지 않습니다. 단순히 말하면 그저 그렇게 있는 것이지요. 예를 들면, 거울에 아름다운 얼굴이 비칠 때 거울이 황홀함을 느끼거나, 못생긴 얼굴에 반감을 갖는 것이 아닌 것처럼 말입니다. 거울이 모든 사물을 평등하고 공정하게 비추듯, 깨달은 자 역시 궁극적 본성에 대한 깨달음을 조금도 훼손하지 않고도 모든 현상을 명료하게 인지합니다.

거울에 반사된 하나의 이미지는 거울의 일부도 아니고, 거울이 아닌 다른 곳에 있는 것도 아닙니다. 마찬가지로, 우리가 지각하는 현상들은 마음 안에 있는 것도 아니고, 마음 밖에 있는 것도 아닙니다. 실제로 사물의 궁극적 실재에 대한 참된 깨달음은 존재, 비존재의 개념을 완전히 넘어섭니다. 용수보살께선 '중론'에서 이렇게 말씀하셨습니다.

"내가 아무것도 주장하지 않는 이상, 아무도 나의 견해를 반박하지 못할 것이오."

069

자각과 공성은 거울에 반사된 모습처럼 떼어낼 수 없나니,
띵리 사람들이여, 어떤 것도 생기지 않고 사라지지 않느니라.

—

마음의 텅 빈 성품은 무기력한 상태가 아니고 단순히 아무것도 없다는 뜻이 아닙니다. 이것은 인지 기능, 우리가 자각 혹은 깨달은 마음이라 부르는 자생적인 명징성을 가지고 있습니다. 이 마음의 양면을 보면 공성과 자각은 근본적으로 하나입니다. 마치 거울과 그 거울에 비치는 물체 같은 것이지요.

생각들은 공성 안에서 형태를 취했다가 거기에서 용해됩니다. 마치 얼굴이 거울에 반사 되었다 사라지는 것처럼 말입니다. 거울에 비친 얼굴이 실제 존재하지 않는 것처럼 얼굴이 비치지 않는다고 해서 얼굴이 없는 것은 아닙니다. 또한 거울 자체가 변하는 것도 아니지요.

당신이 수행의 길을 나서기 전, 아마도 당신은 무명에 이끌려

윤회계의 욕계에서 방황하고 있었을 것입니다. 수행의 길에 들어서면, '무지와 지혜'가 섞여 있는 상태를 지나가게 됩니다. 이 길의 끝에는 깨침의 순간이 있습니다. 다른 것들은 남아 있지 않고 오직 자각만이 남습니다. 마음의 본성은 이 모든 과정을 거치며 약간의 변화를 겪는 것처럼 보이지만 그 마음 본성 자리는 절대 변하지 않습니다. 이제 길에 발을 내디뎠다고 해서 훼손되는 것도 아니고, 궁극에 도달했다고 해서 증장되는 것도 아닙니다.

070

지복과 공성은 태양이 눈을 반사시키는 것과 같으니,
띵리 사람들이여, 그 어떤 것도 잡을 것이 없음을 알아야 한다.

—

태양의 빛이 산 정상에 쌓인 눈을 비출 때, 하얀 눈은 더욱 눈부십니다. 당신은 태양의 찬란한 빛과 눈의 순백을 구별할 수 있습니까?

당신이 마음의 공성을 알게 된다면, 그 안에 내재되어 있는 지복감(가피)은 더욱 증폭될 것입니다. 그것은 완전한 자유의 기쁨이고 편안하고 어디에도 걸림이 없습니다. 하지만 이것은 실재하는 무언가를 잡는 것을 말하는 것은 아닙니다. 지복과 공성은 둘이 아니고, 이것이 비록 눈부시게 아름답긴 하지만 당신 손에 쥘 수 없는 눈송이와 마찬가지로 잡을 수 있는 것이 아닙니다.

071

잡담은 마치 메아리처럼 흔적을 남기지 않고 희미해 지는 것,
띵리 사람들이여,
그 소리는 그저 무의미하여 어떤 것도 잡을 것이 없느니라.

—

우리는 칭찬을 듣는 것을 좋아합니다. 만약 어떤 사람이 당신을 칭찬한다면 보다 더 많이 칭찬해주길 바라고 온 세상이 듣기를 원합니다. 반면 비판 받거나 악성 루머에 부딪힌다면 당신은 이 말들이 퍼져 나가지 못하도록 막기에 여념이 없을 것입니다.

칭찬이나 비난은 그저 약간의 관심을 끄는 무가치하고 공허한 울림입니다. 이 일들로 자부심을 갖거나 적대감을 갖는 것은 절벽에 부딪히는 메아리처럼 공허할 뿐입니다.

072

행복과 고통,

현악기가 소리를 내려면 울림통과 현의 조합이 있어야 하듯이,

띵리 사람들이여,

현상은 행위와 필요한 조건이 결합될 때 일어나느니라.

—

현악기는 아주 좋은 목재로 만들어집니다. 줄들은 이 악기에 알맞은 소리가 나도록 조율되지요. 만약 어떤 것 하나라도 빠진다면 악기는 소리를 낼 수 없습니다.

마찬가지로 당신이 행복을 일으킬 수 있는 기본적인 조건들을 갖추지 않았다면 행복을 기대할 수 없습니다. 행복과 고통은 우리들의 긍정적인, 부정적인 행위의 복합체의 상호작용에 의한 결과물입니다.

현악기를 능숙하게 연주하려면 끊임없는 연습이 필요하듯이 행복을 성취하려면 꾸준한 다르마 수행이 요구됩니다. 그리고 그 수행은 또 숙련되어져야 합니다.

수행을 함에 있어 규율이 잡혀 있지 않고 방만하다면, 부주의한 연주자가 열정만을 앞세워 기타 줄을 잡아 뜯는 것보다 나은 것이 없습니다.

진정한 의미에서 본다면 즐거움과 고통의 실체는 존재하지 않습니다. 그럼에도 불구하고, 즐거움과 고통은 상대적인 속제의 수준에 의존합니다. 이들은 아주 냉혹한 인과응보의 법칙을 따릅니다. 마치 음악이 화성(和聲)의 법칙을 따르는 것처럼요.

다른 비유를 들자면, 여기에 버섯이 있습니다. 아주 예쁘고 맛있어 보이지만, 실은 독버섯이어서 경솔하게 먹었다가는 사망하게 됩니다. 부와 명예, 감각적 즐거움도 이와 마찬가지입니다. 겉으로는 매우 매력적이지만, 그 끝엔 쓰디쓴 실망과 허탈감만 남을 뿐입니다. 역으로 입에 쓴 약은 맛은 없지만 병을 효과적으로 치료합니다.

수행도 마찬가지이지요. 정신적 육체적으로 역경과 시련을 겪게 됩니다만 이는 모든 고통의 자국들을 넘어선 부술 수 없는 지복으로 이어집니다.

선택해야 할 것과 거부해야 할 것을 구별하는 것이 대단히 중요합니다. 어떤 실수나 모호함도 있어서는 안 됩니다.

073

윤회와 열반 양변에서 본래 자유로움[3]이 아이들의 놀이와 같으니,

띵리 사람들이여, 목적 없는 마음을 지니도록 하라.

—

우리가 끊임없이 윤회계에서 방황하는 것은 우리들의 부정적인 감정의 결과입니다. 그러나 우리가 매우 집착하는 이 감정, 존재의 매우 근본적인 원인이 되는 이 감정의 근원을 검토해 보면 그것들은 실제로 존재한다는 최소한의 흔적도 없다는 것을 알게 됩니다. 텅 비어 있는 것 말고는 아무것도 없다는 것을 발견하지 못합니다.

진정한 열반은 무한하고 표현하기 어려울 정도의 근원적인 지혜를 지니고 있습니다. 이러한 특성은 이미 마음 안에 내재되어 있는 것으로 새로 개발하거나 창조할 필요가 없습니다. 깨달음은 수행의 과정 중에 드러납니다. 궁극적인 관점에서는 깨달음의 특성들도 비어 있음에 지나지 않습니다.

'윤회'와 '열반'은 둘 다 비어 있습니다. 어느 것이 좋다, 나쁘다, 말할 수 없습니다. 마음의 본성을 깨달을 때 당신은 윤회계를 거부하거나 열반을 쫓는 것으로부터 자유롭게 됩니다. 때묻지 않은 순수하고 단순한 어린아이의 꾸미지 않은 그대로의 단순한 눈으로 세상을 보게 됨으로 아름답고 추한 것, 좋고 나쁜 것의 개념에서 벗어나게 되고, 더 이상 탐욕과 혐오에 의해 벌어지게 되는 모순된 의도에 희생되지 않게 됩니다.

왜 당신의 일상생활의 부침(浮沈) 속에서 자신을 괴롭힙니까? 마치 아이가 모래로 성을 만들고, 그것이 부서질 때 우는 것처럼요. 원하는 것을 얻고 싫어하는 것을 없애기 위해 스스로를 얼마나 고통 속에 몰아넣고 괴롭히는지 잘 보십시오. 마치 나방이 불 속으로 뛰어드는 것처럼 말입니다. 꿈 같은 '미혹의 무거운 짐'을 내려놓는 것이 더 낫지 않을까요?

074

바깥세상에 대한 개념은 마음 안으로부터 파생되는 것이니,
띵리 사람들이여, 딱딱한 얼음이 물로 녹도록 놓아두거라.

—

겨울이 오면 호수와 강은 단단하게 얼게 됩니다. 사람들, 짐승들 그리고 마차 등이 그 얼음 표면 위로 다니게 됩니다. 그러다 봄이 다가오면 지면이 따듯해지고 얼었던 강물은 녹아서 흐르게 됩니다. 그 딱딱했던 얼음엔 무엇이 남아 있나요? 물은 부드러운 액체이고, 얼음은 견고하고 모가 납니다.

우리들은 이것들이 같다고 말할 수도 없고, 다르다고 말할 수도 없습니다. 얼음은 물이 언 것이고, 물은 얼음이 녹은 것일 뿐입니다.

바깥세상에 대한 인식도 이와 마찬가지입니다. 나타나는 현상에 집착하고 좋고 싫음에 의해 고통 받게 되고 '세속 팔풍'[4]에 사로잡히는 것, 이러한 것들은 당신의 마음을 얼어붙게 하는 요인이 됩니다. 당신의 얼어붙은 개념을 녹여, 의식이 자유롭게 흐를 수 있도록 얼음과 같은 개념들을 녹여보세요.

075

무명의 작용기제는 초원의 샘이 거세게 흘러나오는 것과 같으니,
띵리 사람들이여, 막는다고 멈추어지는 것이 아니니라.

—

수없이 많은 생애 동안, 당신은 당신 자신과 당신을 둘러싼 모든 현상들을 실제 존재한다고 여기며 굳게 믿고 있습니다. 당신은 개체적 자아로서의 당신과 전체적 자아로서의 현상이 실제로 존재한다는 어리석은 믿음을 가지고 있습니다. 이러한 믿음이 여러분을 너무 강하게 붙잡고 있어서, 단순히 이 실체가 실제로 존재한다는 것을 부정하는 것만으로는 여러분은 이러한 믿음에서 벗어날 수 없습니다.

여러분 스스로가, '나'라는 것과 현상이라는 것이 어떤 실체도 가지고 있지 않다는 것을 분명하게 직접적으로 알아차리려면 무엇이 필요할까요?

샘의 물줄기를 손으로 틀어막거나 돌로 눌러서 막으려 한다면, 몇 초 만에 물의 압력을 견디지 못하게 됩니다. 마찬가지로 가끔 명상 중에 올라오는 강렬한 생각의 흐름을 막아보려 한다 하더라도 실패할 것이고, 정신적인 문제마저 일으킬 수 있습니다. 애써 억눌러 온 생각이나 감정들은 명상을 가로막는 적이 되어 다시 나타날 것입니다.

좋은 접근 방법은 생각들이 어떤 것도 남아 있다거나 사라지지 않는다는 것, 애초에 실제로 존재하지 않는다는 것을 깨닫는 것입니다. 아무리 생각의 수가 많더라도 생각이 일어나는 순간 어떻게 해방되는지 안다면 생각은 당신을 해치지 못합니다. 명상은 생각에 의해 방해 받지도 않고 생각의 부재로 향상되는 것도 아닙니다.

여행자가 기차 창밖으로 내다보는 마을이나 풍경이 기차를 느려지게 하는 것도 아니고, 기차가 풍경에 영향을 주는 것도 아닙니다. 어느 쪽도 다른 한쪽을 방해하지는 않습니다. 이것이 명상을 할 때 어떻게 생각들을 봐야 하는지에 관한 것입니다.

주

:: 1 역자 주 _ 원시청정(Kadak Trödral)

족첸은 두 가지 수행 방편이 있다. '떽최(Trekchö)' 수행과 '뙤갈(Tögal)' 수행이 그것이다. 떽최는 완전히 잘라낸다는 뜻을 가지고 있으며, 이 떽최 수행은 원시청정의 견해를 드러낸다. 떽최는 단박에 망상을 잘라내 버리는 것을 의미한다. 망상은 릭빠(Rigpa)의 견해로 잘라내는 것이다. 칼로 두부를 자르듯이 말이다. 이때 마음의 꾸밈없는 본성, 원시청정이 드러난다.

:: 2 역자 주 _ 자재(Lhundrup)

뙤갈(Tögal)은 바로 건너감, 건너뜀이라는 뜻을 가지고 있으며, 한 생애에 붓다의 세 가지 신체를 깨달을 수 있다. 뙤갈의 수행은 '자재(Lhundrup)'를 자각하게 해준다.
자재 수행은 먼저 원시청정 수행을 안정화시킨 수행자만이 접근할 수 있다.
족첸에서 '바탕'은 원시청정과 자재가 둘이 아닌 상태를 말한다.
'길'은 원시청정을 자각하는 떽최 수행, 자재를 자각하는 뙤갈 수행이다.
'열매'는 붓다의 신체와 지혜(예셰)를 성취하는 것이다.

:: 3 역자 주 _ 본래 자유로움

'롱첸빠'께서는 '본연의 자유'를 이렇게 표현하셨다.
"모든 사물은 환영일 뿐이기에,
지금 있는 그대로가 완전하고,
선하고 악한 것. 집착하고 혐오하는 것과는 아무 상관이 없으니,
그저 깔깔대고 웃기라도 해야 하지 않은가?"

:: 4

'세속 팔풍'이란, 얻음과 잃음, 즐거움과 고통, 칭찬과 비난, 명예와 잊혀짐을 의미한다.

04. 세상의 끝에서 만난 치유의 시…

붙들고 있어야 하는 것은 없다

076

윤회와 열반의 망상들은 적의 얼굴을 대면하는 것과 같으니,
띵리 사람들이여, 덕행을 그대의 동맹국으로 삼을 지어다.

—

당신은 어쩌면 윤회계는 뭔가 무슨 수를 써서라도 거부해야 하고 해탈을 얻기 위해서 고군분투해야 한다는 생각을 가지고 계실 겁니다. 그러나 이런 이중적인 개념은 실수입니다. 이것들은 그저 망상의 열매일 뿐이고 망상은 무명에 바탕을 두고 있습니다.

미혹을 중화시키는 방법은 마치 적군의 장군을 잡는 것과 같습니다. 이렇게 하면 상대방은 빨리 항복하겠지요. 그렇지만 장군을 잡기 위해, 여러분은 영적 스승과 네 가지 덕목이라는 동맹군이 필요합니다. 그들의 도움을 받아야만, 여러분은 깨달음의 씨앗(prakṛtistha-gotra)[1]을 정화하고, 전개(samudānīta-gotra)[2]할 수 있습니다. 사실상, 그것은 이미 여러분 안에 내재되어 있습니다.

077

다섯 신체(pañcakāya)의 자생적인 명징성은
끝없이 펼쳐지는 황금 대지와 같나니,
띵리 사람들이여, 어떤 기대도 의심도 집착도 혐오도 갖지 마라.

—

붓다의 깨달음은 다섯 가지 신체(pañcakāya)[3], 깨달음의 다섯 가지 성품으로 이루어집니다. 화신(nirmanakaya), 보신(sanbhogakaya), 법신(dharmakaya), 금강신(vajrakaya)[4], 구경보리신(abhisambodhikaya)입니다. 여러분 자신 바깥에서 이것을 찾는 것은 바람직하지 않습니다. 이것은 자신의 일상적인 마음에서 분리될 수 없기 때문입니다. 여러분이 그 사실을 알아차리는 순간, 모든 망상은 사라지고 다른 어떤 곳에서도 깨달음을 구할 필요가 없어질 것입니다. 순전히 황금으로만 만들어진 섬에 도착한 탐험가는 일반적인 돌은 찾아볼 수 없습니다. 일부러 돌을 찾으러 다닌다 하더라도 말입니다. 이러한 부처의 성품들은 항상 여러분 자신 안에 존재하고 있다는 사실을 발견해야만 합니다.

수행 진전이 느리다고 걱정하거나 낙담하지 마십시오. 깨달음이 너무 멀리 있어서 다다를 수 없을 것 같은 퇴굴심을 갖거나 먼 미래의 일이라고만 생각하지 마십시오. 이러한 태도는 당신의 탐욕을 강화시키고 조용하게 가라앉은 마음으로 수행할 수 있는 능력을 저하시킵니다. 밀라레빠께서는 이렇게 말씀하셨습니다.

"깨달음을 얻는 것에 너무 조급하지 말아라. 그러나 너의 마지막 숨까지 수행하거라."

모든 희망과 두려움을 내려놓고, 자각(Rigpa)의 원시청정(kadak trödral)이 붓다의 깨달음 그 자체라는 금강석과 같은 확신 속에 머무십시오. 이 길이야말로 바로 완벽한 지복이며, 깨달음의 본질이며 별다른 애씀 없이 깨달음에 다다르는 길입니다.

078

자유와 원만을 갖출 때, 인간의 삶은 마치 보물섬과 같으니,

띵리 사람들이여, 실패한 빈손으로 돌아오지 말거라.

—

탐험가가 보물섬을 발견하고 그의 배에 금, 다이아몬드, 사파이어, 루비, 에메랄드 등 보석을 가득 싣습니다. 그러나 그의 행운은 어떠한 금이나 보석들보다 인간의 귀중한 삶에 비할 바가 아닙니다. 인간은 다르마을 사유하고 수행할 수 있는 기회가 있고, 삶을 의미 있게 만들어 주기 때문입니다. 우리가 선택해야 하는 보물은 소승, 대승, 금강승이 제공하는 다양한 가르침입니다.

지금 당신은 인간이 가진 유리한 조건으로 불법을 수행할 수 있는 자유[5]를 가지고 있습니다. 이 기회를 무시한다면 마치 거지가 보석을 주워 유리조각처럼 다루거나 쓰레기 더미에 던지는 것과 같습니다. 더 나쁜 것은 소중한 인간의 삶을 이해하면서도, 이리저리 방황하며 세속적인 욕망을 따라가는 것입니다. 이

것이 미혹의 완벽한 본보기입니다. 그 탐험가가 보물섬에서 빈 손으로 헛되이 바다를 건너 돌아왔습니다. 여러분은 이러한 실수를 하지 마십시오.

079

대승을 수행하는 것은 마치 여의주처럼 소중하나니,
띵리 사람들이여,
열심히 찾더라도 그것을 다시 발견하기는 더욱 어려우리라.

—

여의주라 불리는 기적적인 보석은 바라는 모든 것을 성취시켜 주는 힘이 있습니다. 온 나라의 고통을 없애 주기도 하지요. 이것은 대승의 가르침을 표현하기 위한 용어입니다. 여의주는 모든 존재들의 고통을 달래주는 힘을 가지고 있지요.

현재 삶에서, 당신은 신뢰하는 스승이 계시고, 스승님의 가르침을 받고 대승의 수행을 합니다. 이러한 법연은 단순히 이 생에서 기회를 잡은 게 아닙니다. 많은 생을 통해 불법을 수행한 인연의 끈에 의해 생긴 결과입니다.

자격을 갖춘 영적 스승과 그의 가르침은 아주 드물고 고귀하니 마치 '우담바라'로 알려진 푸른색 연꽃처럼 소중합니다. 붓다가 세상에 출현할 때 '우담바라'의 봉우리가 올라옵니다. 개화할 때는 깨달음을 얻으시고 그리고 시들 때 열반하신다고 합니다.

붓다께서 이 세상에 나타나셨고 다르마의 법륜을 굴리셨습니다. 그리고 그 가르침은 아직까지도 전해지고 있습니다. 당신은 정법을 지닌 스승에게서 가르침을 받았고 그것들을 수행에 옮길 준비가 되어 있습니다. 덧없고 헛됨을 좇아 인생을 허비하지 말고, 당신의 행운에 감탄만 하고 있을 게 아니라, 모든 노력을 기울여 스승의 가르침을 수행하십시오. 한순간이라도 잃어버리는 것이 없도록 말입니다.

080

이 생에 무슨 일이 있다 하여도 의복과 음식은 충분하리니,
띵리 사람들이여, 오직 다르마를 수행하는 것에 총력을 기울여라.

—

냉장고와 옷장이 가득 차 있다 하더라도, 한 번에 한 끼 이상의 밥을 먹을 수 없고, 여러 벌의 옷을 한 번에 입을 수는 없습니다. 사실 당신에게 필요한 것은 단지 삶을 지탱할 수 있는 영양과 외부로부터 몸을 지킬 수 있는 의복이면 충분합니다. 이에 대해 붓다께서 걱정하지 말라 하셨습니다.

붓다께서는 어느 누구도 굶주리거나 추워서 죽은 고행자의 뼈를 찾지는 못할 것이라고 약속하셨습니다. 당신은 혹시 먹을 것이 충분하지 않을까, 입을 옷이 없을까, 잠잘 곳이 없을까를 우려하여 다르마를 수행하는 것을 주저하고 있지는 않나요? 의심할 필요도 없이 불법(다르마)은 인생을 가장 유용하게 보내는 최선의 길입니다.

© 고수연

081

젊었을 때 열심히 고행을 견디며 수행하라.
띵리 사람들이여, 나이가 들어 습관을 바꾸긴 어려운 일이다.

—

아직 젊을 때에, 그 젊음의 장점을 활용하여 불법을 수행해야만 합니다. 이때에는 공부하고 사유하고 명상하는 데 요구되는 지적인 기능이 가장 활발할 때이고, 고된 수행과정을 견뎌내는 육체적인 강인함이 있을 때입니다. 그때에 최대한으로 수행할 수 있다면, 훗날 나이가 들었을 때 여러분의 수행은 노력하지 않고도 계속해서 성숙시켜나갈 만큼 충분히 안정될 것입니다.

만약 아무것도 하지 않고 그저 시간만 보낸다면 시력은 떨어지고, 듣는 것이 어려워지고, 기억력이 감퇴하고, 빨리 피곤해지고, 쉽게 병에 걸립니다. 이때에 다르마를 수행하기 시작한다는 것은 너무 늦습니다. 젊음을 잘 활용하고, 나이가 들어서 후회하지 마십시오.

082

감정이 일어날 때, 그것들을 위한 해독제를 강구하라.

띵리 사람들이여, 모든 증상이 치유될 것이다.

—

한 상인이 도적 떼가 우글거리는 숲 속을 지나려 할 때 무기를 준비합니다. 한 여행자는 전염병으로 황폐한 지역을 지나려 할 때 여러 종류의 약을 챙깁니다.

마찬가지로 일상생활에서 계속되는 감정적인 복병들 즉, 분노, 욕망, 자만, 질투 그리고 그 밖의 많은 감정들을 적절한 해독제(대처법)로 언제나 맞서 싸울 준비를 해야 합니다. 계속해서 주의 깊게 경계하는 것은 진지한 수행자의 모습입니다. 모든 것이 순조로울 때는 어떻게 수행해야 하는지 잘 압니다. 그러나 당신을 엄습하는 첫 번째 감정에 굴복한다면 평소의 수행법은 별 소용이 없습니다. 훌륭한 수행자들은 잠재 되어 있다가 불쑥불쑥 튀어나오는 감정들이 유발시키는 어려운 상황에 대한 반응을 알아차릴 수 있어야 합니다. 이때에 즉각적으로 해독제를 적절하게 대처하는 능력이 있다면, 장애를 이겨내는 데 문제가 없을 것입니다.

특별히 그가 행위 주체와 행위 대상이라는 상대적 개념을 초월하는 법을 안다면, 모든 생각이 스스로 떨어져 나갈 것입니다. 어떤 노력이나 도움 없이, 뱀이 스스로 묶은 똬리를 풀고 앞으로 나아가듯 말입니다. 당신의 모든 생각과 개념의 자극들의 근원을 찾아보면 이것들이 서로 다르지 않은 같은 본성 즉, 모든 것을 초월한 지혜와 떼어낼 수 없는 공성을 지녔다는 것을 깨닫게 될 것입니다.

083

가끔 삼사라(윤회계)의 결점들에 대해 생각하라,
띵리 사람들이여, 너의 신심이 더욱 증장될 것이다.

—

정진의 힘이 약해지면 혼란스러운 시기를 보내게 됩니다. 당신의 욕망은 더욱 불타오를 것이고, 불만족은 지금 처해 있는 내 모습과는 다른 상황이었으면 하는 바람을 갖게 만듭니다. 이런 시간에 당신은 수행에 집중할 수 없고, 삼사라의 고통에 대해 숙고하게 되지요. 윤회는 전적으로 고통에 의한 것 임을 더욱 선명히 상기하십시오. 신심을 증장하고, 가르침에 대한 믿음을 더욱 확고히 하십시오.

084

지금 당장 정진력을 기르고 확고한 견해를 가지라.

띵리 사람들이여,

죽음의 문을 넘을 때 그대에게 길 안내를 해줄 것이니라.

—

강력한 군대의 지휘관은 미리 탄약을 많이 비축해 놓고, 적이 오는 것을 보고도 마음의 평정을 유지합니다. 마찬가지로 수행자는 죽음을 직면한 순간에도 흔들리지 않는 평정심을 유지해야 합니다. 지금이 이러한 평정심을 개발할 때입니다.

현명한 여행자는 출발 전 그에게 필요한 모든 것들 즉, 식량·돈·의약품·지도·나침반 등을 준비합니다. 조만간 당신의 '미래 생'을 위해 떠나는 여행을 시작해야 합니다. 그래서 당신은 스승의 조언을 따르고, 그의 가르침을 신중하게 수행에 옮기는 것이 좋을 것입니다.

085

지금 자유롭지 않다면, 언제 자유로울 수 있겠는가?
띵리 사람들이여, 그 기회는 매우 희귀함을 알라.

—

사람들은 종종 이렇게 말합니다.

"나는 다르마를 수행하는 것이 너무도 좋아, 그러나 당분간은 불가능해. 왜냐하면, 첫째로 나는 가정을 돌봐야 하고, 그들의 미래를 준비해줘야만 해."

그러나 지금, 아직 인간의 몸을 지녔을 때, 당신은 다르마를 따를 자유와 동기가 있습니다. 왜 미루십니까? 당신은 보다 나은 조건이 다음 생에 올 것이라 확신하시나요? 그때까지는 아마도 당신은 완전히 윤회계의 고통에 잡혀 있거나, 삼악도에 예속되어 괴로울 것입니다. 만약 당신이 몇 개월 혹은 몇 년을 그냥 보내 버린다면 잔혹한 윤회계의 굴레를 벗어나는 기회를 허비할 겁니다.

연회가 벌어져 맛난 음식이 당신에게 제공되었을 때 그것을 맛있게 먹으세요. 달마의 시계가 정오를 알리는 종을 쳤습니다. 지나가 버리기 전에 기회를 잡으십시오.

© 고수연

086

인생은 너무나도 덧없으니, 마치 풀잎 끝에 매달린 이슬 같구나,
띵리 사람들이여, 게으름과 무관심에 지지 말지니.

—

인생은 유약하여, 마치 풀잎에 아슬아슬하게 매달린 이슬방울 같고, 아침 바람이 불면 언제 떨어질지 모릅니다. 수행을 해야겠다는 바람과 조만간 시작해야겠다는 의도만으로는 충분하지 않습니다. 그 계획에 다다르기도 전에 죽음의 바람이 당신을 데려가 버리길 기다리지 마십시오. 수행하고자 하는 마음이 일면 주저하지 말고 바로 실행에 옮기십시오.

수행 초보자들은 마음이 쉽게 변하고, 여러 감정에 취약합니다. 강한 바람에 고개를 수그리고 있는 산허리의 기다란 풀처럼 말이죠.

087

현재 그대가 있는 곳이 어디이건, 그대의 기반에 집착하지 말지니.
띵리 사람들이여, 인간의 몸을 다시 받기는 매우 어렵다.

—

등반가가 미끄러운 절벽 끝 가장자리를 지날 때 한 발만 잘못 디뎌도 목숨이 위험합니다. 삶 전체를 보면 삼악도라는 낮고도 아득한 심연의 가장자리를 걸어왔습니다. 어떤 등반가보다도 더 위험을 무릅썼던 것입니다. 한 번 떨어지면 사실상 인간계로 이끌어 주는 행운의 비탈을 오르는 것은 사실상 거의 불가능합니다. 오직 다르마를 수행하는 것만이 안전하게 건널 수 있는 유일한 길입니다.

088

붓다의 가르침은 마치 구름들 사이로 비치는 햇살과도 같다.
띵리 사람들이여,
지금은 그 가르침이 현존하는 유일한 시기이니라.

—

붓다의 가르침은 영구하지 않습니다. 특정한 시간에 살고 있는 모든 존재의 공덕이 소멸되면 불법도 소멸합니다. 실제로 우린 '다섯 가지 퇴보의 시대'[6]로 불리는 말법시대의 끝자락에 살고 있습니다. '다르마'라는 태양이 서산으로 지는 것입니다. 그러나 아직도 가끔씩 빛나고 있습니다. 구름 사이로 틈이 생길 때 햇살이 잠깐 비추듯이 말입니다. 그 짧은 순간이 빛을 볼 수 있는 유일한 기회입니다. 한 번 밤이 오면 '삼보'라는 이름마저도 들리지 않는 어둠의 시대가 시작됩니다.

그러므로 가르침을 따르고 수행하는 것은 당신이 준비되었다고 느낄 때까지 기다릴 수 있는 것이 아닙니다. 아직도 당신이 삼사라의 미로에서 방황하고 있다면 그것은 당신이 전생에 붓다의 가르침을 한 번도 마주한 적 없거나 받아들이지 않았기 때문입니다. 그러나 지금 만약 이 길에 들어설 준비가 되었다면 그 행운이 훌륭하게 당신을 진보시켜 줄 것입니다.

089

그대는 사람들에게 그토록 영리한 말들을 하지만
자신에겐 적용시키지 않는구나,
띵리 사람들이여,
그것은 그대 안의 결점들이 노출되는 것임을 알라.

—

어떤 사람들은 가르침에 대해 아주 능숙하게 말하지만 거기엔 어떤 진실이나 개인적 경험이 담겨져 있지 않습니다. 그들에게서 아무리 많은 멋진 말들이 넘쳐 나더라도 '오독(탐·진·치·질투·아만)'이란 불이 그들의 내부에 활활 타오르고 있습니다. 다른 사람들에게 가르침을 진실로 펼치려면 가르침에 관한 전반적인 지식을 갖추고 있어야 합니다. 심지가 굳고 단단한 버터 램프는 백 번 이상 켤 수 있지만, 심지가 약한 것은 자신마저도 지키기 어렵습니다.

당신은 수없이 많은 가르침과 지식을 받아왔고 이론적으로 수행을 성취하고 장애물을 극복하는 법을 배웠습니다. 그럼에도 불구하고 만약 이러한 내용을 당신이 직접 실천하지 않으면 당신의 지식은 무용지물로 남게 됩니다. 마치 구두쇠 부자가 밥을 먹지 않아 굶어 죽는 것처럼 말입니다.

만약 진정 향상되길 원한다면 눈을 크게 뜨고 당신의 단점을 보십시오. 마치 거울에 비친 자신을 보듯이 들여다 보아야만 합니다. 자신에 대해 자만하는 마음을 가진다면 오직 타인의 결점만 보게 되고 당신 자신의 결점을 미덕으로 여긴다면, 그것은 분명히 당신 자신의 발전을 가로막게 될 것입니다. 까담빠 스승들의 말씀에 따르면 최상의 가르침은 우리들 내면에 숨겨진 결점을 노출 시키는 것이라고 합니다. 지금까지 의심하고 있지 않은 도둑의 가면을 벗기는 것은 효과적으로 그가 하는 행동에 종지부를 찍게 하는 것입니다.

당신의 두드러진 결점들(오독)을 어떻게 알아차리는가를 배우십시오.

어디서건 그들이 나타나면 무력화시킬 준비를 해야만 합니다. 적들이 두려워서 밤낮으로 불침번을 세우는 왕처럼 말입니다. 이렇듯 당신의 감정들을 잘 살펴 보아야 합니다.

까담파 스승들이 다음과 같이 말씀하셨습니다.

나는 마음의 문 앞에서 주의 깊게 바라봄이란 칼을 들고 있다.
감정들이 일어나려 할 때에, 나는 그들을 협박하여 돌려 보낸다.
오직 그들이 통제를 풀 때에,
나의 마음이 휴식을 취한다.

감정의 지배하에 있다 하더라도, 지속적으로 주의 깊게 지켜보는 것이 핵심입니다. 만약 감정의 동요를 알아차리지 못한다면 가르침을 진정 따르고 있다는 착각에 빠져 중요한 핵심을 놓치게 됩니다. 이런 잘못된 수행은 당신을 낮은 세계로 끌고 갈 것입니다.

천상계의 아름다움을 세세하게 묘사한 벽화를 본다고 실제로 그곳에 다다른 것이 아니고, 의사의 처방전을 본다고 당신의 건강이 좋아지는 것이 아니듯 말입니다. 수행자들의 행동을 흉내 낸다고 해서 당신이 해탈에 이를 수는 없겠지요. 천 조각에 부주의하게 염색하는 것은 시간 낭비입니다. 천 조각은 염색 되지 않을 것이고 아무것도 제대로 되어 있지 않을 것 입니다. 이렇듯, 다르마가 여러분 존재에 배어 들어가지 않고 다르마를 수행하는 것은 무의미할 뿐입니다. 그저 잠재성(불성)을 낭비하고 있을 뿐이죠. 그 누구도 당신의 수행을 대신해줄 수 없습니다. 반드시 당신 스스로 해야만 합니다. 물론 단 한 번에 당신의 모든 결점을 없앨 수는 없습니다. 오직 '붓다'가 되어야만 완벽합니다. 그러나 조금씩 자신을 정화해 나갈 수 있습니다. 마치 '구름 바다에서 눈부시게 빛나면서 떠오르는 달'처럼 말입니다.

어떠한 죄업도 그것이 정화되지 못할 만큼 중대하지 않습니다. 연쇄 살인마였던 앙굴리말라는 999명을 살해했습니다. 그러나 붓다를 만나 잘못을 굳은 신심으로 정화하여 후에 '아라한'이 되었습니다. 어떠한 조건이라도 충분히 노력하면 성취할 수 있습니다. 그러나 신심 없이 노력만 한다면 당신은 당신 자신을 완성할 수 없습니다. 비록 '붓다'께서 당신 앞에 직접 인간의 모습으로 나투셨다 하더라도 말입니다.

아침에 일어나면 가장 먼저, 모든 존재들의 행복을 위해 오늘 하루를 회향한다고 생각해야 합니다. 하루 종일 가르침을 수행하십시오. 밤에는 낮 동안 당신이 행하고, 말하고, 생각했던 것을 세밀히 검토해 보십시오. 긍정적인 것이 있었다면, 그 공덕을 모든 존재들에게 회향하고, 그 다음 날 그 덕을 증장시키겠다는 서원을 세우십시오. 부정적인 것이 있었다면, 참회하고 다신 하지 않겠다고 약속하십시오. 이러한 방식으로 최상의 수행자는 날마다 성장할 것이고, 중급의 수행자는 한 달에 한 번 꼴로 성장할 것이고, 하급의 수행자는 일 년에 한 번 꼴로 성장할 것입니다.

090

신심이 환경에 굴복하는 것은 어려운 일이 아니니,
띵리 사람들이여, 그때는 삼사라(윤회계)의 허물을 숙고하라.

—

스승들 앞에서 가르침을 들을 때는 신심과 확신을 느끼는 것이 상대적으로 쉽습니다. 그러나 마음은 변덕스럽고, 이제 막 생겨난 신심은 유약하여 삼사라의 환경에 따라 얼마든지 변하며 쉽게 굴복해버립니다. 신심이 흔들릴 때 수행은 침체됩니다.

그러므로 신심에도 영양이 필요합니다. 그리고 가장 좋은 영양 공급 방식과 시들어진 신심을 다시 회복하는 것은 바로 스승의 자비와 가르침의 공덕들에 대해 생각하는 것입니다. 그 완전함을 만족할 수 없는 윤회계의 성질과 비교해 보는 것 입니다. 당신이 과거 생에 흘린 모든 눈물을 모아 본다면 아마 거대한 바다를 이룰 것입니다. 당신이 받아 지녔던 모든 육신의 뼈를 쌓는다면 (곤충의 생도 포함하여) 아마도 이 세상에서 가장 높은 산보다 더 높을 것입니다. 이러한 이미지들은 삼사라라는 끔찍한 감옥을 부수고 나오고 싶은 마음이 간절히 들도록 해주는 것에 도움이 될 것입니다.

091

나쁜 친구들과 어울리는 것은 그대 자신의 행동을 나쁘게 만든다. 띵리 사람들이여, 나쁜 친구들과의 교우 관계를 멀리하라.

—

마음은 마치 수정 같아서 주변 환경의 색들이 비치게 됩니다. 관계를 유지하고 있는 좋은 친구나 나쁜 친구의 성격이나 단점을 그대로 닮아가기 마련입니다. 만약 여러분이 악의적인 사람, 이기적인 사람, 원한에 사무친 사람, 참을성 없는 사람, 자만심이 강한 사람들과 어울린다면, 그 결점들이 여러분에게 영향을 끼칠 것입니다. 이런 친구들과는 거리를 두는 편이 좋습니다.

092

고결한 친구들과 어울리는 것이 그대의 선업을 증장시키니,
띵리 사람들이여, 그대의 스승을 따르도록 하라 .

—

스승 가까이에 있는 것은 언제나 큰 이로움이 있습니다. 스승들은 마치 약초들의 정원 같고, 지혜의 성소와 같습니다. 깨달은 스승은 당신을 깨달음으로 이끌어 줍니다. 박식한 석학이 계시기에 당신은 위대한 지식을 얻게 될 것입니다. 위대한 수행자가 계시기에 정신적인 체험들이 당신 마음 안에서 분명해질 것입니다. 보살이 계시기에 당신의 자비심은 증장될 것입니다. 보통의 나무토막이 백단향 나무토막 옆에 있으면 조금씩 자연스럽게 향이 배어, 나중엔 그 향이 나는 것처럼 말입니다.

093

속임수와 거짓말은
단지 남을 속이는 것만이 아닌 그대 자신도 속이는 것이니,
띵리 사람들이여, 그대의 양심을 증인으로 삼거라.

—

'제쮠 밀라레빠'께서 말씀하셨습니다.

"우리 자신에 대해 비난할 것을 찾지 못하는 것은 계행이 청정하다는 표시이다."

당신의 양심이 바로 최상의 목격자입니다. 양심은 여러분이 가지고 있는 의도가 선한지 악한지, 또한 여러분이 행한 행동이 어떤 종류인지를 어느 누구보다도 잘 알고 있습니다. 신념을 가지고 '최선을 다했어'라고 말한다면 거기에는 만족감과 고요한 마음이 있을 것입니다.

자신의 잘못에 대해서는 엄히 비판하고, 남의 잘못은 보지 마십시오. 오직 부처님만이 다른 사람의 깊은 의중을 아십니다. 당신 자신이야말로 진정 가르침대로 살고 있는지 잘 살펴보십시

오. 감정적으로 움직인 헌신, 의식에 대한 형식적인 존경, 가식적인 자비, 가장된 금욕은 진정한 수행자의 모습이 아닙니다. 겉으로는 전혀 흠잡을 데가 없는데, 불법과 정반대의 삶을 살 수도 있습니다.

094

무지에서 태어난 미혹은 최악의 재난을 잉태한 악마이다.
띵리 사람들이여, 지켜봄과 알아차림을 항상 붙들고 있거라.

—

무명은 윤회계를 방랑하게 만드는 근본적인 원인입니다. 사실, 모든 존재들은 아주 작은 벌레라도 불성을 내재하고 있습니다. 마치 아주 작은 깨알이라도 그 안에 참기름 방울이 있는 것처럼요. 그러나 존재들이 그들의 참된 본성을 자각하지 못할 때 명징하지 못함이 취하게 되는 여러 가지 형태들이 존재들을 고통스럽게 만듭니다. 그것이 바로 '무명(無明)'의 실상입니다.

무명은 개체적인 자아와 현상이 실재하는 것이라고 믿게 합니다. 이는 애착과 혐오의 감정을 일으키고, 거기에서 비롯되는 다양한 감정의 흐름을 만듭니다. 이것이 윤회계의 망상(미혹)이 자리를 잡는 방법입니다. 당신 마음속에 닻을 내리고 철저하게 파괴합니다. 부수고 파괴하는 것 밖에는 할 줄 모르는 악령처럼 말이죠. 입보리행론(입보살행론)[7]에서 샨티데바께서는 부정적인 감정들이 무수한 과거 생을 통해 얼마나 무자비하게 우리에게 해를 끼쳤는가를 보여줍니다. 그러므로 우리가 맞서 싸워야 하는 적은 욕망과 증오이지, 외부에 있는 적이 아닙니다. 외부의 적들 역시, 그러한 자기 욕망에 희생된 자들일 뿐입니다.

일반적인 적은 아무리 잔인한 적이라 할지라도, 이 생애를 넘어서까지 해를 끼칠 수 없습니다. 그러나 감정이라는 것은 훨씬 더 무서운 적입니다. 수억 겁 동안 여러분을 괴롭히기 때문입니다. 그들은 절대로 쉬지 않고 여러분이 잘못 행동하도록 부추기고 있고, 끊임없이 큰 고통을 안겨주고 있습니다.

이제, 여러분은 영적 스승의 도움으로 적어도 진짜 적이 무엇인지는 구별할 수 있게 되었습니다. 초월적인 지혜의 검을 휘둘러서 '나'에 집착하는 악마와 현상의 실재에 집착하는 악마를 모두 없애버리기 바랍니다.

095

만약 그대에게 '삼독심'이나 '오독심'이 없다면,

목적지에 가까워졌으니,

띵리 사람들이여, 강력한 해독제로 대처하라.

—

우리의 마음은 너무나도 오독(탐·진·치·질투·아만)에 의해 지배당합니다. 사람들이 얼마나 서로 증오 때문에 싸우는지 그리고 전쟁이 일어나는지 보십시오. 격정(분노)에 자유로운 통치 기간을 준다면 그 기간 동안에 격정은 당신을 지배할 것입니다. 그러나 이 감정의 근원을 찬찬히 분석해 본다면 사실 그 본질은 비어 있다는 것을 알게 됩니다. 이것은 마치 먹구름과 같아서, 겉에서 보기엔 인상적이지만 사실 잡을 수 없는 것이며, 들여다보면 아무런 실체가 없습니다. 요컨대 괴로운 감정이라는 것은 실은 여러분이 거기에 부여한 힘에 지나지 않습니다. 거듭 그 감정에 빠져들지 말고, 한번 거기서 벗어나 보십시오. 그 순간 해탈에 가까이 다가서게 될 것입니다.

성취를 위해 당신은 강한 결심을 해야 합니다. 그렇지 않으면 스승의 가르침은 그다지 당신을 도와줄 수 없게 되고 수행은 아무 진척이 없을 것입니다. 스승은 당신이 깨달을 수 있도록 안내하지만 대신 깨우쳐 줄 수는 없습니다. 스승은 길을 보여 주지만 그 길을 따라가는 것은 당신에게 달렸습니다. 감정이 매우 강력한 것이라면 해독제 또한 그만큼 강력한 것으로 맞서야 합니다. 중독된 나무를 없애려면, 그 나무를 뿌리째 뽑아야 합니다. 가지치기로는 불충분합니다. 마찬가지로 감정의 뿌리를 뽑지 않는 한 이들은 자라고 또 자라고, 그 어느 때보다 왕성하게 자랄 것입니다.

096

정진의 힘이 강하지 않다면 붓다의 깨달음에 도달하지 못하리니,
띵리 사람들이여, 정진의 갑옷을 입었는지 확인하라.

—

불굴의 노력은 수행을 지탱하는 힘입니다. 석가모니께선 세 번의 무한시공(겁) 동안 노력한 결과 붓다가 되셨습니다. 그리고 일흔한 번을 위대한 왕으로 태어나 가르침을 받기 위해 모든 것을 희생하셨습니다. 그는 이러한 노력을 통하여 '가피의 현저한 힘'이라는 공덕의 열매를 맺게 됩니다.

엄격한 수행자셨던 '제쮠 밀라레빠'와 다른 수행 성취자들이 깨달음에 도달할 수 있었던 것은 부단한 노력의 결과입니다. 수행자가 근면할 수 없다면 마치 호위병 없는 왕이 적들의 목표가 되는 것처럼 게으름과 부정적인 감정들이라는 적들의 표적이 되어 버립니다. 해탈을 향한 싸움은 지게 됩니다. 늦지 않게 정진의 갑옷을 착용하고 게으름, 나태라고 불리는 적들과 싸우십시오.

097

습관적인 성향은 오래된 친구처럼 계속 돌아오는 것,
띵리 사람들이여, 과거의 회상을 따라가지 말지어다.

—

나쁜 습관은 강하고 기만적이지요. 그것은 무수한 과거 생에 뿌리를 박고 있기 때문에 강하며, 매력적인 모습 속에 숨어서 당신을 몰락하게 만들기에 기만적입니다. 여러분이 아직 수행에 있어서는 초보자이기 때문에, 반대로 여러분의 좋은 습관은 약하고 겁이 많습니다.

친절하신 스승의 자상함으로 인해 신심이란 봉우리, 열의, 인내의 새싹이 마음에서 돋아납니다. 그러나 이것은 혹독한 외부 상황에 약합니다. 마치 경험 없는 풋내기가 훈련된 용병과 맞서는 것과 같아서, 좋은 습관은 나쁜 습관의 상대가 되지 않습니다. 당신은 계속해서 과거의 행동을 되풀이할 것입니다. 재산을 모으고 경쟁자를 이기려 안간힘을 쓰는 등 끝도 없는 이러한 세간의 행위들을 따라갑니다.

만약 당신의 마음이 고요해지기 어렵고 계속해서 일어나는 나쁜 습관에 무릎 꿇으면, 이미 속박에서 벗어나는 데 필요한 모든 가르침들을 받았다 하더라도, 빈손으로 후회만 가득한 채로 다음 생을 향해 떠날 것입니다. 마치 상인이 헤아릴 수 없을 만큼의 소중한 가보를 사소한 액수를 받고 마구 팔아 버리고 파산과 함께 막대한 후회를 하게 되는 것처럼 말입니다. 오직 지속적인 훈련만이 당신의 수행을 안정시킬 수 있습니다.

098

만약 이해와 깨달음이 부족하다면 스승께 기도하라,
띵리 사람들이여, 깊은 명상이 피어나리라.

—

어느 순간 용기를 잃어버릴 수도 있습니다. 수행은 진전이 없고, 수행이 제대로 자리 잡지 않을까 싶어 걱정스럽기도 합니다. 제대로 된 게 아무것도 없는 것 같고, 다른 수행법으로 바꾸면 더 쉽게 나아갈 수 있지 않을까 자문해보기도 합니다. 의심과 주저함이 반복되는 동안 스승에 대한 깊고 동경하는 헌신이 마음 깊은 곳에서 솟아난다면, 당신을 방해하는 장애물은 사라질 것이고 수행은 활기를 띨 것입니다.

수행의 진정한 발전은 스승의 가피로부터 시작되고 이 가피는 당신의 헌신에서 비롯됩니다. 과거 대부분의 위대한 수행 성취자들은 그들의 스승에게 헌신하여 깨달음을 얻었습니다. 예를 들어, '감뽀빠'의 몇몇 제자는 헌신의 힘이 너무 뛰어났기에, 단순히 감뽀빠께서 살고 계시는 '닥라 감뽀' 산을 쳐다보는 것만으로, 마음의 본성을 깨달았습니다.

099

미래의 행복을 바란다면 현재의 시련을 받아들여라.
띵리 사람들이여, 불성은 바로 그대 곁에 있느니라.

—

이번 생이 지나가고 나면, 여러분이 어떤 종류의 존재가 되어 있을지 누가 알까요? 현생에서 여러분은 배고픔, 목마름, 더위, 추위 등을 참아내기 어렵다고 생각할지 모릅니다. 그러나 미래 생에 직면하게 될 고통에 비한다면 이것은 작은 어려움에 불과합니다. 지금부터 다르마를 수행함으로써, 불변하는 해탈의 지복을 위해 준비하십시오.

만약 미래 생의 가능성을 인정하지 않는다면 심지어 현재 내 삶의 형태와는 다른 존재계가 있다는 것을 의심한다면, 그리고 세속적인 목적에만 집착한다면, 당신은 에너지를 허비하게 되고 인간 생의 소중한 잠재력을 잃게 됩니다. 만약 당신이 깨달음을 위해 충실하게 헌신한다면 깨달음은 멀리 있지 않습니다. 그것은 당신 안에 있습니다. 지금 그리고 여기, 지금 현재에 그 근원적인 청정함이 있습니다. 모든 존재에게는 불성이 있습니다.

어떤 부자는 자산을 투자하여 재산을 늘리게 되었는데, 어떤 구두쇠는 꼭꼭 숨겨 놓았기에 아무 이윤도 남기지 못했습니다. 불성은 당신 안에 있는 귀중한 보물입니다. 이를 자금으로 만들지, 그냥 썩힐 것인지는 전적으로 당신에게 달려 있습니다.

100

이 늙은 인도인 스승은 띵리에 머물지 않고 떠날 것이니,
띵리 사람들이여, 지금이 네 의문을 명확하게 풀 때이다.

—

파담빠, 연로한 인도의 아짜리야(대학자)는, 제자들에게 그가 머물 날이 얼마 남지 않았음을 알려주셨습니다. 당신도 만약 의문이 있다면 스승과 제자로서 얼마 남지 않은 시간의 혜택을 받으셔야 합니다.

101

나 자신은 방일함 없이 수행하였으니,

띵리 사람들이여, 그대들은 마땅히 나의 본보기를 따라야 하리라.

—

모든 세간사를 뒤로하고, 파담빠 상계께서는 금강승의 세간, 출세간의 성취, 모두를 이루셨습니다. 그는 마음의 궁극적 본성을 깨달으셨고 수많은 중생들을 이롭게 하셨습니다. 그는 모든 방일과 망상(미혹)을 초월하셨습니다.

이 책은 파담빠 상계 내면의 깨달음을 표현한 것입니다. 만약 깨달음을 얻기를 원한다면, 인생을 걸고 과거에 깨치신 분들을 모델로 삼으십시오. 만약 당신이 파담빠 상계의 예를 따라간다면, 의심의 여지 없이 깨달음의 경지에 도달할 수 있습니다.

이 모든 것은 당신의 노력에 달렸습니다. 모든 기원이 이루어지시길 바랍니다!

주

:: 1 역자 주 _ 깨달음의 씨앗 (prakṛtistha-gotra)
2 역자 주 _ 전개 (samudānīta-gotra)

두 가지 씨앗(gotra-potential)이 있다.
미팜 린포체께서는 켄죽(Khenjuk)이라는 저작에서 이와 같이 표현하셨다.
본래부터 현존하는 씨앗(prakṛtistha-gotra)은 여래의 본질이다. 본질적으로 이것은 조건 없이 저절로 생겨났고, 하나의 형태로 규정할 수 없는 지혜이며, 자각과 공성의 결합이자 법계이며, 여기에서 신체와 지혜는 항상 분리되지 않는 상태로 존재한다. 이것은 본래부터 순수하고, 있는 그대로의 사물의 본성이며, 모든 사물에 깃들어 있으며, 어떤 변화도 겪지 않으며, 공간과 같다. 오온과 오근 등이 생겨났다 사라지는 것은 바로 이러한 범주 안에서이며, 이 본성 그 자체는 생겨나는 것도 사라지는 것도 아니다. 세 가지 보배가 나타나는 것은 이러한 본성의 자각을 통해서이다. 이 결점이 없는 요소는 모든 존재 안에 예외 없이 마음의 근본적인 성질로서 존재하는데, 이것은 마치 땅속에 묻어 둔 보물 등의 예와 같은 것이다. 그렇지만 이 본성이 네 가지 때(객진)에 의해 가려진 채 남아 있고, 그것이 존재함에도 불구하고 그 씨앗을 싹 틔우지 못한 자들에게, 드러난 모습으로 작용하지 않는다. 화병에 들어 있는 풍경처럼 말이다. 그것이 본래 순수할지라도, 일시적인 장애에 의해 가려져 있기 때문에, 이것은 대부분의 사람들이 생각할 수 있는 한계 밖에 존재한다. 이 씨앗을 가리는 장애가 줄어들면, 삼사라를 버리고 니르바나에 도달하고자 하는 깊은 열망으로 우리에게 영감을 불어넣는다.

우리의 씨앗을 가리는 네 가지 장애는 다음과 같다.
1. 대승의 가르침에 대한 반감
2. 자아의('나'라는) 견해
3. 삼사라의 고통을 두려워함 → (자기 자신만의 해탈만을 구함)
4. 다른 존재의 평화 행복 등을 고려치 않음

이 장애를 정화하는 원인 네 가지는 다음과 같다.
1. 대승의 가르침에 흥미를 가짐
2. 높은 수준의 지혜
3. 선정의 힘
4. 자비

우리의 씨앗(gotra-potential)을 일깨우는 힘을 통해 이 네 가지 정화의 요소를 갖출 때, 우리는 대승의 덕을 올바르게 개발할 수 있는 전개의 씨앗(samudānīta-gotra)을 지니게 된다.

:: 3 역자 주 _ 다섯 가지 신체(pañcakāya)

붓다의 다섯 가지 신체는 마하요가에서 언급되는 내용이다.
여기에서 법신, 보신, 화신은 각각 붓다의 깨달은 마음, 깨달은 말, 깨달은 몸을 나타내며, 변함이 없는 본연의 신체인 금강신은 붓다의 깨달은 행위, 구경보리신은 붓다의 깨달은 성품(덕)을 나타낸다.

:: 4

삼신(三身)은 불성을 나타내는 다른 측면이다. 이것은 일신 · 이신 · 삼신 · 사신 · 오신으로 간주되기도 한다. 일신은 깨달음이다. 이신은 완벽한 몸, 법신(法身)과 모양과 형태가 있는 색신(色身)이다. 삼신은 법신(法身) · 보신(報身) · 화신(化身)이다. 마지막 세 가지는 붓다의 신구의에 부합하며 다섯 개의 지혜의 형상을 표현한 것이다.

:: 5

인간의 생은 덧없는 것을 좇아 허비하거나 혹은 깨달음을 향해 정진할 수 있다.
오직 인간만이 수행을 할 수 있는 귀중한 자격과 다른 좋은 환경을 부여 받았다.

:: 6

'다섯 가지 퇴보의 시대'는 산스크리뜨어로 '칼리유가'라고 한다. 이 시기는 완벽했던 황금시대의 찌꺼기와 잔해만이 남아 있다. 특별히 이 시기에는 다섯 가지 퇴락의 특징이 있는데 수명, 환경, 형이상학적 시각, 존재들의 신체적 정신적 기능, 부정적인 감정들에 대한 저항의 기능이다.

:: 7

입보리행론은 샨티데바의 저서이다.

에필로그

에.필.로.그.

—

어떠한 영적인 수행에 접근할 때, 우리는 보리심을 일으키고자 하는 원을 가지고 시작해야 합니다. 이것은 '나'라는 단 한 사람이 아닌, 모든 존재들이 고통과 고통의 원인으로부터 자유로워지고, 특히 혼돈과 무지로부터 자유로워지기를 바라는 마음이어야 합니다. 이 가르침들을 공부하고, 수행에 옮기는 것은, 천천히 이러한 큰 서원을 깨우치게 해줍니다. 가르침이 얼마나 소중한가를 깊이 생각하고, 이러한 기회를 갖는다는 것이 얼마나 희귀한가를 알아차림으로써, 커다란 관심을 가지고, 겸손하고 이타적인 태도를 가지고, 이 가르침을 받아들여야 하고, 혼신을 다하여 그것을 완전히 적용하려는 결정을 해야 합니다.

이 책은 티베트에선 '파담빠 상계'로 알려진 인도의 위대한 성자 '파라마붓다'의 정신적인 유언입니다. 그는 과거 생 중에 한 번은 붓다의 가까운 제자였는데, 미래에 다시 태어나 무수한 중생들을 이롭게 할 것이라는 수기를 받았습니다.

이리하여 그는 파담빠라는 사람으로 환생하였는데, 티베트어로 그 뜻은 '최상의 아버지'입니다. 그는 위대한 학자 중 한 사람으로, 150명의 스승으로부터 가르침을 받아 공부했으며, 이 가르침들을 모두 수행함으로써 마침내 참다운 정신적 지식의 보물창고가 되었습니다. 그는 성취자의 한 사람으로서 수많은 영적 계시의 영광을 안았고, 깨달음의 경지를 증명하는 많은 기적들을 행하였습니다. 결국, 그는 생사를 초월하는 경지, 구경보리신(abhisambodhikaya)을 성취하셨습니다.

그는 중국과 티베트를 세 차례 방문하여 '고통을 진정시킴'(Shyijé)[1]에 관한 가르침을 가르쳤습니다. 그 가르침은 티베트의

:: 1

고통을 진정시킴' (Shyijé)에 관한 가르침은 초월 지혜의 완성인 반야바라밀에 바탕을 두고 있다. 이 가르침과 관련하여 쬐(Chö) 수행법이 있으며, 이것은 대 여성 수행자 마칙 랍된에 의해 티베트에 소개되었다. 쬐(Chö)는 자른다는 의미이다. 이 수행은 자아의 실재와 현상의 실재에 매달리는 믿음, 그리고 다른 모든 종류의 집착을 자르는 것을 목적으로 한다. 그 수행의 한 측면은 자신의 몸을 네 손님에게 공양하는 것으로 관상하는 것이다. 네 손님이란 첫 번째, 신심과 존경의 가치가 있는 세 가지 보배와 부처와 보살들을 말하고, 두 번째는 수승한 덕을 갖추고 있는 불법의 수호자들을 말하며, 세 번째는 자비 공덕을 쌓게 해주는 모든 존재계의 생명들, 네 번째는 우리가 까르마의 빚을 진 악한 영들이다. 이 가르침은 8대 수행 전승 – 닝마, 까담, 싸꺄, 까규, 샹빠 까규, 시제(쬐), 조낭(시륜), 오르겐 녠규 – 중의 하나이다.

8대 수행 전승 중의 하나로 오늘날까지도 수행되고 있습니다.

파담빠께선 오랜 기간 티베트와 네팔의 접경 지역인 띵리의 높은 산에 머무셨습니다. 그의 수많은 제자들 가운데 네 명은 특히 가까웠습니다. 어느 날, 이들 중 한 명이 띵리에 도착하였습니다. 오랜 기간 뵙질 못하자 제자는 너무도 슬펐고 스승이 얼마나 연로하셨는지 그의 상태를 살피러 온 것입니다. 그리고 그는 스승께 이렇게 여쭈었습니다.

"위없는 분이시여, 당신께서 세상을 떠날 때에는 의심할 여지 없이 지복의 세계로 가실 것입니다. 그러나 우리들과 띵리 사람들은 어찌합니까? 누구를 의지하오리까?"

파담빠에게 죽음이란 그저 불국토에서 불국토로 건너가는 것에 지나지 않을 것입니다만, 그의 제자들에겐 그의 죽음이 의미하는 것은 스승의 얼굴과 음성을 다신 듣지 못하는 것입니다. 파담빠는 제자에게 이렇게 말씀하셨습니다.

"1년이 지나면, 너는 여기서 늙은 인도인 은둔 수행자의 시체를 보게 될 것이다."

그들의 눈엔 눈물이 흘렀고, 이들을 위해 파담빠께선 이 백 가지 훈시를 설하셨습니다.

1년이 지나고, 그는 병세를 보이기 시작했습니다. 그의 제자들이 그의 건강을 걱정하자, 그는 간결하게 답변하였습니다.

"나의 마음이 아프구나."

제자들이 당황해 하자 그는 이렇게 덧붙이셨습니다.

"나의 마음은 현상계에 녹아들어 버렸다."

그는 모든 상대적인 인식이 그의 마음에서 사라졌다는 것을 보여줬습니다. 그리고는 이렇게 말을 보탰습니다.

"이런 종류의 질병을 어찌 설명해야 할지 모르겠구나! 육신의 질병은 치료할 수 있으나, 이것은 치료할 수가 없구나!"

그리고 그는 허공을 응시하며 임종을 맞이했습니다.

–파드마카라 역경회

파담빠 상계의 훈시와 딜고 켄체 린포체의 풀이

—

스승께 예경하나이다.

여기 띵리에 모인 복된 수행자들이여 들으라!

가르침의 서두로 파담빠 상계는 모든 가피의 근원이자 과거, 현재, 미래의 모든 붓다를 한 몸에 지니신 분, 영적 스승에게 예경을 올리고 있습니다.

그는 띵리에 모인 사람들을 복되다고 여겼습니다. 다르마를 공부하고 수행하기를 간절히 원하였고, 자신의 삶에 의미를 부여하는 법을 이해하고 있기 때문입니다.

헤지고 닳아진 옷은 다시 새 옷이 될 수 없듯이

죽음의 병이 한 번 찾아오면 의사가 와도 아무 소용이 없다네.

그대는 떠나가야 하고,

이 땅에 살고 있는 인간들은 강물과 같고,

강물은 바다로 흘러간다네.

살아 있는 존재들은

모두 이 한 가지 귀결점을 향해 나아가고 있을뿐!

삶은 하루 하루 줄어 갑니다. 시간이 지남에 따라 낡아져서 결국 조각이 되는 천 조각과 같습니다. 어떤 것도 어느 누구도 이 피할 수 없는 과정을 멈추게 할 수 없습니다. 환과 같은 재물과 부는 죽음의 순간에 아무런 소용이 없습니다. 종국에 모든 것을 두고 떠날 수 밖에 없습니다. 우리는 혼자서 죽습니다. 버터 덩어리에서 나온 머리카락처럼, 자기 삶의 모든 친숙했던 관계로부터 떨어져나갑니다.[2]

우리의 인생에 죽음 이외의 수입은 없습니다. 강물이 바다로 가지 않을 수 없는 것처럼 말입니다. 죽음의 순간에 우리가 의

:: 2

이 이야기는 티베트의 유목민들에게서 나온 것이다. 이들은 양가죽으로 주머니를 만들어 버터를 보관한다. 양털이 버터에 섞여 있는 것을 발견하게 되는데, 만약 털을 다 제거하면 버터는 남아 있게 되지 않고 텅 빈 공간만이 있을 뿐이다.

지할 수 있는 것은 영적인 수행뿐이며, 일생 동안 쌓은 덕행만이 오직 좋은 친구입니다.

이제, 가지 끝에서 날아오르는 작은 새처럼,
나 또한 더 이상 여기 있지 않을 것이요,
이윽고 떠나가야 하리라.

죽음의 순간에 영적인 가르침 외엔 아무런 도움이 되지 않습니다. 붓다와 스승들은 그들의 지혜를 가르침이란 형태로 우리에게 물려주셨습니다. 이러한 가르침들은 이 소중한 분들과 둘이 아니며, 누구라도 그들 깨달음의 단계를 마음으로 얻을 수 있으며, 해방의 길에 접어든 사람에게 끝없는 원천의 영감을 제공합니다.

파담빠 상계와 딜고 켄체 린포체

—

해와 달 같은 위대한 수행 성취자, 존경하옵는 두 분, 파담빠 상계와 딜고 켄체 린포체의 보배로운 말씀을 한국에 소개하게 되어 크나큰 영광으로 생각합니다.

1. 파담빠 상계

우리에게 익숙하지 않은 '파담빠 상계' 이분의 다른 이름은 '까말라실라' 입니다. 중국의 '마하연' 선사와 '삼예사원' 에서 법거량을 했던 인도의 대스승, 이분이 티베트에선 '파담빠 상계' 로 불리웁니다.

파담빠 상계의 비범한 인생을 역사적 사실에 맞게 정의하기는 어려운 일입니다. 그의 전생 중에 한번은 부처님의 제자인 아파라지타보살이었습니다. 그는 붓다로부터 완벽한 지혜의 가르침을 북쪽에 퍼트려야 한다는 수기를 받았습니다. 붓다께서는 그곳을 가리키며 북을 향해 돌을 던지셨습니다. 그 뒤로 여섯번을 환생한 그는 545년경 인도 남부 브라만교 집안에 태어났습니다.

그의 부친은 바다에서 광석을 채취하는 일을 하였는데 어느 날 꿈에 관세음보살이 나타나셔서 '나에게 공양을 올리면 수행 성취를 위해 가피를 내리리라' 하셔서 80번의 공양을 올렸다고 합니다. 모친께서는 파담빠 상계를 잉태하기 전에 따라보살, 바즈라파니, 문수보살 그리고 모든 본존들과 다키니[3]들이 꿈에 나타나 위대한 분이 오실테니 잘 모셔야 한다는 메시지를 받았습니다. 부친께서 바다에 채광을 하러 오랜 시간 집을 비웠는데 어머니께서 남자와의 관계없이 기적적으로 임신을 했습니다. 그녀는 남편이 두려워 아이를 낙태하려 독을 마시고 강으로 뛰어들었으나 번번히 실패하고 말았습니다. 10개월이 지나고 어머니는 석가모니 붓다처럼 아주 잘생긴 아들을 출산했습니다. 아이는 붓다의 상징인 40개의 치아가 있었고 검푸른 머리카락

:: 3 역자 주_ 다키니

티베트불교와 수행자들을 옹호하고 수행자들의 수행을 돕는 영적인 존재이다. 여성은 다키니, 남성은 다카.

은 마치 흑요석처럼 빛났습니다. 태어나자마자 모친에게 지혜의 완벽함에 대해 설하였고 대리석 조각에 발자국을 찍었는데 파담빠 상계의 아홉 가지 성물 중의 하나로 현재까지 보존되고 있습니다. 얼마 후 부친께서 돌아와 어머니의 출산을 보고는 매우 화가 나서 다그쳤습니다. 이때에 관세음보살과 문수보살께서 모습을 나투시어 '이 아이는 단지 너의 아들이 아니고, 모든 붓다의 아들이며 위대한 가르침을 펼 것이다'라고 하셨습니다.

15세가 되었을 때 '비크라마실라 승가 대학'에서 승려의 계를 처음 받았으며 법명은 '까말라실라'였습니다. 그는 또한 그의 스승이었던 브라만교의 '마르야데바'로부터 보살계를 수지하였습니다. 그는 어떤 면에서 사원 생활이 맞지 않다고 판단하여 사원을 떠나 밀교 수행자들을 찾아 다니며 수행하였고 인도와 네팔 곳곳을 다니며 명상하였습니다. 그는 대략 150분의 스승을 모셨다고 합니다. 그중에 나가르주나(용수), 다르마키르티, 샨티데바, 비루파, 라트나바즈라, 마이트리파, 수카시띠 등이 계십니다.

'파담빠 상계'께선 생전에 티베트를 여러 번 여행하셨습니다. 그런데 그의 몸이 다른 사람의 몸으로 바뀌어서 돌아왔다고 전해지는데, 그 이야기는 다음과 같습니다.

어느 날 그는 사두인 '담파 나충'과 길을 걷고 있었습니다. 그들이 언덕에 다다랐을 때 한 코끼리가 죽어 있는 것을 발견했고, 시체가 썩으면 물을 오염시켜 전염병이 발생할까 걱정되었습니다. 두 수행자는 그들의 의식을 코끼리 시체에 들어가서 움직이는 방법을 알고 있었고, 파담빠 상계께선 코끼리 몸 안에 들어가서 안전한 곳에 놓고 오겠다고 했고, 담파 나충은 의식이 빠져나간 그의 몸을 지켜 주겠노라고 약속했습니다. 파담빠 상계는 코끼리 몸속으로 들어가 아주 멀리 걸어갔습니다. 반면에 담파 나충은 그의 못생긴 육체를 파담빠 상계의 멋진 외모와 바꾸고 싶은 유혹을 견디지 못했습니다. 파담빠 상계가 돌아왔을 때 그곳에는 오직 담파 나충의 육신밖에 남지 않았습니다. 이리하여 모습이 바뀐 파담빠 상계는 티베트로 돌아와서, 붓다께서 예언하신 그 돌을 찾게 됩니다. 티베트의 서쪽 '띵리' 마을 들판 한가운데에 '바즈라 바라히'[4]의 형상을 띤 돌이었습니다. 그리

:: **4 역자 주**_바즈라 바라히

바즈라 바라히는 다키니 중에서 높은 여성 다키니를 뜻한다.

고 그 주변엔 사향노루들이 거닐고 있었습니다. 바로 여기로구나! 티브리 산의 바위들에 둘러싸인 곳, 파담빠 상게는 이곳이 바로 그의 가르침을 펼치기에 좋은 최상의 옥토임을 알았습니다. 이곳에서 그분은 생을 마감하고 바로 이 정신적 유언서를 남기게 됩니다.

–참고문헌 《Lion of Siddhas》

2. 딜고 켄체 린포체(1910~1991)

'딜고 켄체 린포체'는 1910년 티베트의 '캄' 지방에서 명예와 부를 갖춘 풍족한 집안에서 탄생하셨습니다. 이 딜고 가문은 티베트의 위대한 법왕이셨던 '티송 데첸'의 후손입니다. 어느 날 부모님이 미팜 린포체를 친견했는데, 모친의 임신 여부를 확인하더니 아이는 아들이고 장차 큰 인물이 될 것이며, 태어나게 되면 반드시 본인에게 알려달라고 당부하였습니다. 아이가 탄생하자 미팜 린포체는 아이를 '따시 팰조르(길상과 영광)'라고 이름을 지어주었고, 모친의 초유를 먹기 전 문수보살의 환약을 갈아 아기 린포체의 혀에 '디(DHI, 문수보살 상징의 진언)'자를 썼다고 합니다. 아기는 또한 검은색 머리가 매우 길어 아버지는 혹여 눈이라도 찌를까 걱정하여 미팜 린포체께 여쭈니 머리는 자르지 말고 중국에서 하듯이 문수보살처럼 다섯 갈래로 묶으라고 하셨습니다. 이후 미팜 린포체는 아기 린포체에게 문수보살 관정을 내리고 언제나 보호해주겠노라고 말씀하셨습니다.

아버지는 본인의 아이들 중 누구도 승려가 되길 원치 않았고 본인의 대를 이어 가업을 이끌기를 바랐습니다. 몇몇 승려들이 찾아와 이 아이는 위대한 '켄체 왕뽀'의 환생자이니 사원으로 데려가겠다고 했으나 그때마다 아버지는 반대했습니다. 몇 년이 흘러 가을이 되었습니다. 딜고 가문의 소작농들이 농작물을 수확하러 왔고 마당엔 이 사람들이 먹을 국이 커다란 솥에서 끓고 있었습니다. 린포체께선 형제들과 어울려 놀다 그만 솥에 빠져 하반신에 큰 화상을 입고 몇 달간 침상에 누워 지내야만 했습니다. 생과 사를 넘나드는 아들에게 아버지는 아들이 원하는 것을 들어주겠다고 합니다. 이에 린포체는 승복이 입고 싶다고 하셨고 열 살이 되었을 때 형인 녠빠 린포체와 함께 세첸 사원으로 가게 됩니다. 뛰어난 지적 능력으로 남들이 3년에 걸쳐 배우는 것을 3개월에 배우셨다고 합니다. 이후 정식으로 켄체 린포체의 화신으로 인정받아 즉위식을 거행합니다. 린포체는 10여 년 이상 무문관 수행을 하셨고, 배꼽불 수행인 '뚬모'를 성취하셨다고 합니다. 또한 생전에 수많은 책을 읽으셨는데, 그중에서도 '대보복장(Treasury of Precious Termas)'을 여러 번 읽으셨다고 전해집니다. 28세에는 '뙬뗀(Terton, 감추어진 뗌마를 발견하도록 예언되신 분들)'으로 '뗄마(Terma, 보장이라고도 불린다. 파드마 삼바바의 가르침과 지혜가 담긴 감추어진 보물들)'들을 발견하셨습니다.

린포체껜 약 50명의 스승이 계셨는데, 그중에서 '세첸 갈삽 린포체'와 '종사르 켄체 최끼 로되' 이 두 분과 법연이 깊으셨습니다. 린포체는 스승으로부터 가르침을 받고 오랜 기간 홀로 안거를 하셨고, 여생을 안거하고 싶다고 하셨지만, 스승이신 '종사르 켄체 최끼 로되'께서 법과 가르침을 펼 때라고 하셔서 전법활동을 하시게 됩니다.

1950년 중국의 침략으로 린포체께선 부탄으로 가셔서 불법을 전파하시고, 다시 인도로 망명하십니다. 그곳에서 달라이 라마 존자의 청으로 '족첸(대원만 수행)'을 전수하셨습니다. 1985년 중국정부는 린포체의 귀환을 허가하여 티베트의 세첸 사원으로 가게 되는데 문화혁명으로 파괴된 사원을 재건하는 데 많은 힘을 기울이셨습니다.

1976년 드디어 첫 번째 서양 전법 활동을 시작하셨습니다. 2월에 런던에 가셔서 가르침과 관정을 내리시고, 소걀 린포체의 사원 건립 부지에 가피를 해주셨습니다. 3월에는 '트룽파 린포체'의 초청을 받아 미국 브루클린에 가셔서 많은 가르침을 주십니다. 이후로도 열반에 드시기까지 미국과 유럽을 오가며 수많은 불사를 하시게 됩니다.

1991년 린포체의 건강은 매우 악화되었음에도 보드가야에 가시어 많은 가르침과 관정을 내리셨고, 이후 다시 부탄으로 돌아가 1991년 9월 27일 명상 상태에 드시어 열반에 드십니다. 1년간 등신불로 모시다가 1992년 다비식을 거행하게 됩니다.

린포체께선 1993년 6월 30일 네팔에서 환생하셨는데, 이날은 '구루 린포체'이신 '파드마 삼바바'의 탄신일입니다. 환생하신 린포체께선 1997년 12월 네팔의 세첸 사원에서 즉위식을 하시고 현재 세계 전역에 법을 펼치고 계십니다. 언젠가 시절인연이 무르익으면 우리나라에도 오시길 간절하게 기도 드립니다.

–참고문헌 《Brilliant Moon》

옮.긴.이. 후.기.

—

번역을 한다는 것은 쉽지 않은 일입니다. 한 문장을 놓고 몇 시간 아니 며칠을 고민하며 보낼 때가 있는데, 비단 저만이 겪은 것은 아닐 것이란 생각이 듭니다. 특히 파담빠 상계의 게송(훈시)을 한글로 표현하기에 참으로 어려운 점이 많았습니다. 그럼에도 이 책을 한글로 옮긴 것은, 처음 이 책을 접했을 때의 감동을 잊을 수 없기 때문입니다. 마치 파담빠 상계님과 딜고 켄체 린포체 두 분이 마주앉아 법을 주고받는듯한 상상이 이 책을 읽는 동안 펼쳐졌습니다.

이 책은 종교나 종파를 넘어 우리가 세상을 살면서 읽어두면 반드시 참고가 될 만한 내용이 가득합니다. 제가 이 책을 접하며 느끼고 생각한 모든 것들을 이 책을 읽는 분들도 함께 공감했으면 좋겠다는 원이 이 책을 번역하는 원동력이었음을 밝힙니다. 그리고 오역이 있다면 모두 저의 잘못이고 알려주신다면 이

후 수정하도록 하겠습니다.

번역하며 저는 다시 한 번 스승님들과 선지식들과 도반들께 무한한 감사의 말씀을 올립니다. 우선 저를 가르침으로 이끌어 주신 제17대 까르마빠 존자님께 감사의 말씀을 올립니다. 오독(탐욕·성냄·어리석음·아만·질투)과 편견이 가득했던 제게 '보리심'이라는 해독제를 알려주신 스승님께 저는 너무나도 감사함과 부끄러움을 느낍니다. 스승님의 건강과 장수를 기원합니다.

티베트불교 발전에 많은 노력을 아끼지 않는 보리원의 혜능스님, 법등사의 설오스님, 지덕스님, 용수스님, 태형스님, 매안스님께 감사드립니다. 너무도 흔쾌히 이 책을 출판하기로 결정하신 민족사의 윤창화 사장님과 이 책이 나올 수 있도록 도와주신 법선님, 원고에 애정을 가지고 교정과 역자 주에 큰 도움을 주신 구현님, 그리고 소리님, 선혜님, 연희님, 현강님, Finbar Maxwell님께 고맙다는 말씀을 이제야 드립니다. 커피와 차를 보내주신 송주스님과 세랍님께도 감사하다는 말씀을 드리고 싶습니다. 졸리고 피곤할 때 이 차와 커피를 마시고 맑은 정신으로 번역할 수 있었습니다.

이외에도 직접 간접적으로 많은 도움을 주신 여러분들께 머리

숙여 인사를 드립니다.

이 책을 번역한 공덕을 모든 분들께 회향합니다.

망갈람!

모락산 자락 작업실에서

수연 합장

옮긴이 秀수 蓮연 (까르마 닝제 쑹모)

프랑스 파리 Spéos를 졸업했으며, SHECHEN KOREA(세첸 코리아) 위원, PALDEN SHANGPA KOREA(팔덴 샹빠 코리아) 임원, RKTT(리메 코리아 번역팀) 번역 위원으로 활동하고 있다. 역서로는 《까르마빠 900주년 (Karmapa 900 years)》, 《Lion of Siddhas》, 《Brilliant Moon》, 《Togden Shakya Shri : The Life and Liberation of a Tibetan Yogi》 등이 있다. 티베트 불교권 스승들의 가르침을 한국에 알리는 행복한 활동을 하는 중이며 그림, 사진, 번역 작업도 하고 있다.

티베트 스님의 100가지 지혜
세상의 끝에서 만난 스님의 말씀

초판 1쇄 발행 2012년 11월 6일 | 초판 2쇄 발행 2013년 5월 16일

지은이 파담빠 상계, 딜고 켄체 린포체 | 옮긴이 고수연 | 사진 마티유 리카르, 고수연
펴낸이 윤재승

주간 사기순
책임편집 정영옥 | 디자인 Min디자인
기획편집팀 정영옥, 고다영 | 영업관리팀 이승순, 공진희

펴낸곳 민족사 | 출판등록 1980년 5월 9일 제1-149호
주소 서울 종로구 수송동 58번지 두산위브파빌리온 1131호
전화 02-732-2403, 2404 | 팩스 02-739-7565
홈페이지 www.minjoksa.org | 페이스북 www.facebook.com/minjoksa
이메일 minjoksabook@naver.com

ISBN 978-89-7009-540-0 03220